U0871218

作家走进校园

ZUOJIA ZOUJIN XIAOYUAN

散文向你微笑

吴然的24堂语文课

散文向你微笑

吴然的24堂语文课

吴然 / 著

长江出版传媒 | 崇文书局

图书在版编目（CIP）数据

散文向你微笑：吴然的24堂语文课／吴然著．--
武汉：崇文书局，2022.3
（作家走进校园：彩绘版）
ISBN 978-7-5403-6564-6

Ⅰ．①散… Ⅱ．①吴… Ⅲ．①语文课－中小学－教学
参考资料 Ⅳ．①G634.303

中国版本图书馆CIP数据核字（2022）第026901号

责任编辑：李利霞
责任校对：董　颖
责任印制：李佳超

散文向你微笑：吴然的24堂语文课
Sanwen Xiang Ni Weixiao：Wu Ran de 24 Tang Yuwen Ke

出版发行：长江出版传媒｜崇文书局
地　　址：武汉市雄楚大街268号C座11层
电　　话：(027)87677133　　邮政编码：430070
印　　刷：湖北新华印务有限公司
开　　本：700㎜×960㎜　　1/16
印　　张：15.25
字　　数：160千字
版　　次：2022年3月第1版
印　　次：2022年3月第1次印刷
定　　价：38.00元

《作家走进校园》总序

《作家走进校园》是一套有意思的丛书，面对的是小学高年级的学生，其实，也适合于老师和家长阅读，特别是老师、家长和孩子一起读，乐趣会更多，效果会更好。这一次，崇文书局对这套丛书进行了重新整合，不仅精简篇幅，精心编排，而且增添了彩色插图，全书彩色印刷，图文并茂，赏心悦目，应该会让孩子更加喜欢。

这套书收录了金波、赵丽宏、吴然的作品，他们都是我国有名的作家，特别是创作了很多脍炙人口的儿童文学作品，其中很多篇章收录进中小学语文课本，孩子们都很熟悉，读他们的书，会感到很亲切。我的书也忝列其中，并且，遵照编辑之嘱，还要为这套丛书写一则总序，更是倍感荣幸，能够和孩子们有一次亲密接触和交流的机会。

在我的理解里，“作家走进校园”，有两种形式：一种是作家直接走进校园，面对面和孩子们交流；一种是作家的作品进校园，孩子们通过作家的作品和作家接触，从中学习到一些东西。显然，后一种形式，应该更普遍，也更适合孩子，因为我国中小学的学校众多，作家不可能走遍所有的校园，和所有的孩子见面。但是，作家的作品，可以更便捷地走进更多的校园。

不禁想起我自己的学生时代，那时候，物质和文化都没有现在这样的发达，作家也没有现在这样多，买书和找书更没有现在这样方便。我更多是通过到新华书店买书，或者到学校图书馆借书，读过之后，再通过抄书，来完成和作家接触的。至今想起，这样的“买书—读书—抄书”三部曲，依然觉得对我的成长帮助很大。同时，觉得这样的方式，虽然古旧，却并没有过时，便想推荐给孩子们，不必迷信“作家走进校园”中的前一种形式，一定非要直接和作家面对面地接触，作家不是明星，作家所要讲的东西，其实都尽在书中。

读书，是极个人化的事情，认真地读你心仪作家的书，同时静下心来抄一些他们书中的片段，比热闹的作家见面会，得一个作家的签名本，会更有实效。这时候，你和作家才真正是零距离心碰心的接触和交流。他们要说的话，你都可以听得清清楚楚；他们内心的秘密，你都可以探寻得仔仔细细；他们的写作方法，你也可以学习得明明白白。

我读中学的时候，没有那么多钱买书，但买的可怜的几本书，比如《李白诗选》《杜甫诗选》《陆游诗选》《宋词选》，还有郭风的《叶笛集》，泰戈尔的《泰戈尔文集》的前两卷，尽管经过了半个多世纪的颠簸，依然保存下来。更难得的是，那时候抄书抄的厚厚两本日记本，居然也真实的存在。那些作家，便成了多年友情不变乃至形影不离的真朋友。学生时代读书，镌刻在你生命的年轮里，真的是件美好的事情，是以后日子难以追回的梦境。

这两本笔记本里，其中抄录有应修人的一首小诗，墨迹褪色，记忆依旧清晰并清新。应修人不仅是五四时期的一位作家，还是一位革命烈士，牺牲的时候，只有33岁。这首小诗名字叫作《柳》，一共只有五行：

几来不见，
柳妹妹又换上新装了
——换得更清丽了！
可惜妹妹不像妈妈一样疼我，
妹妹，总不肯把换下的衣给我。

真的还记得当时抄录这首小诗的心情，感到是那样的新奇，心情是那样的兴奋。应修人用孩子的眼光看待春天刚刚回黄转绿的柳树，他把柳树清丽的枝条比作自己的小妹妹，是因为他想起了妈妈，想起妈妈的疼爱。他写得那么的委婉有致，将孩子的感情表达得那么的活泼俏皮，又那么的清新可爱。

当然，抄录的这些文字，有些当时并没有看懂，或者是似懂非懂，或者是不懂装懂。不管怎么说，抄录下来这些文字，对于我就是一种磨炼，就像跳进了水里，不管会游泳还是不会游泳，起码扑腾了一遍，沾惹上一身水花，探试了一番水的深浅。一个孩子，就是在最初的读书中像这样在懵懵懂懂的不懂、似懂非懂中慢慢长大的。

《作家走进校园》这套丛书所选的几位作家，我都非常熟悉，我相信他们，就像相信自己一样。相信孩子读他们的书，不仅会对你们的写作，同时对你们的成长都会有帮助的。好的文字，像透明的蓝天、清澈的湖水、纯净的心灵一样，是不会骗人的。在如今乱花迷眼的图书市场尤其是适合孩子阅读的书籍中，挑选起来是格外需要费心费力的。我只是希望在你们挑选了这套丛书的时候，能够多少注意我讲述我的学生时代读书的一点粗浅体会，提供给大家参考。如今买书，已经不再如我学生时代那样困难了，但买到了书，如何读，如何才能真正从中汲取营养，才是更重要的。我所强调的“买书—读书—抄书”这三部曲，其中抄书，哪怕只是抄上那么一点儿，也是很有益的，因为这是一项很重要的读书习惯和本事。如果你买到了这套书的几本或一本，希望你也能这样试一试，如此，作家才是真正走进校园，同时也走进你的心里，伴随你度过美好的少年时期。

肖复兴

2021年10月14日重阳节于北京

前言

冰心老人在给我的一封信中说：“给儿童写散文不容易，要有童心。”这封信收在人民文学出版社2010年10月出版的《冰心书信全集》中。她老人家在一篇文章中还说，搞儿童文学的人，就要“保持天真”。冰心老人的经验之谈，成为我练习为少年儿童写散文的座右铭。

我粗浅的理解，“要有童心”和“保持天真”，就是要有一颗孩子的心和一双孩子看世界的眼睛，对世间万物充满新奇和新鲜的想象力，让散文葆有孩童般的天真的稚气，散发出孩童般的可爱的芬芳。

不过，作为一个成年人，“要有童心”“保持天真”，实在是很难很难，近乎不可能了。因此，就我来说实在不敢如同朋友们谬夸的是一个能“和花朵说悄悄话”的作家。聊以欣慰的是，我的某些散文作品，会被读者甚至一些选文编者误认为是“小朋友”或“小作者”写的。

本书作为崇文书局《作家走进校园》丛书中的一本，我选了一些为不同年龄段少年儿童写的，不同题材、不同内容和不同样式的散文作品。以“散文向你微笑”为名，愿和同学们、老师们、读者朋友们，做一次阅读与写作的倾心交流。每组所选作品中，一般只就某篇作简要“读写提示”而以点代面。至于由作者说自己的作品，也是很为难很尴尬的。有时我就只好引录评论界朋友们对我作品的一些评论文字作“读写提示”了。在此，谨向朋友们鞠躬致谢！

吴 然

2021年10月28日于昆明

目录

CONTENTS

目录 CONTENTS

目录
CONTENTS

散文向你微笑

吴然的24堂
语文课

第1堂课

和花朵说悄悄话（上）

1

Lesson 1

草地上的联欢会

下过雨了，树林里的草地上，多了一些小花朵，还多了一些蘑菇娃娃的小花伞。

小花朵是湿淋淋的，新鲜的。胖胖的蘑菇娃娃，打着小花伞，多么娇嫩多么好看。

是小花朵邀请蘑菇娃娃来草地上联欢吧？有点害羞的蘑菇娃娃，被小花朵的热情感动了。很快她们就互相亲热起来，一点也不拘束了。

她们开始唱歌。小花朵仰着脸蛋蛋，拍着绿叶的小手。蘑菇娃娃文静些，不过也唱得挺起劲。

一只蝴蝶飞过来，悄悄告诉我——

小花朵在赞美阳光和雨水，给了她们芬芳。

而蘑菇娃娃呢，一直在感谢太阳和雨水，使她们撑开的小花伞，受到了山村孩子的喜爱。

珍珠雨

“下雨了！下雨了！”

小鸟扇着潮湿的风，飞过河岸和水塘，飞过绿色的稻田，飞过草滩，飞到村后的树林里去了。它向朋友们报告下雨的喜悦，报告一个快乐的节日。

淡蓝色的、温暖的夏雨呵，紧跟着小鸟的飞翔，布幕一样，笼罩了河面和水塘，笼罩了田野，笼罩了我们的山村和村后的树林。

一片雨的歌唱，万物都在倾听……

现在，“雨停了！雨停了！”

小鸟扇着雨后的阳光，从一道彩虹里飞出来。

天多明净。遍地阳光，珍珠般，一颗颗，挂在草叶上，挂在花瓣上，挂在柳条上，挂在一匹刚从雨里撒欢回来的小红马身上，挂在房檐口上……哦，下了一场太阳雨，下了一场珍珠雨呵！

蜜蜂说：“金盏花、牛眼菊、山玉兰更香了。”

小马驹、小牛犊和小山羊说：“奶浆草、狗尾巴草、三叶草更嫩了。”

草莓说：“还有我，更甜了！”

云娃娃

快看，快看，深蓝的天空，飘浮着一朵云：不是一般的云，他是一个又白又胖的娃娃，一个可爱的云娃娃！

他是那样的白，白得像雪团一样。他比雪团蓬松，比雪团轻柔。

他是那样的胖，短粗的手臂，短粗的腿，都胖得圆圆的，起皱皱了。好一个水亮亮的、瓷器一般的胖弟弟啊！

在深蓝的天空，美丽的云娃娃，可爱的胖弟弟，你在干啥呀？

在洗澡呢！你看他坐在一只橡皮船似的澡盆里，在身上抹了多少肥皂泡啊！他舞着小手，踢着胖腿，好玩极了。

我好像听到了云娃娃的笑声，我好像听到了云娃娃哗啦哗啦的玩水声。云娃娃，快别调皮了，小心把澡盆弄翻了。

我一直看着云娃娃，看着他玩得多么自在。几分钟以后，我看见云娃娃升起小白帆，向深蓝的大海飘去了，飘去了。

白帆兜满了风，橡皮船似的澡盆，驰进大海，消失在大海里了！

美丽的云娃娃，可爱的胖弟弟，哟，你什么时候再来呢？

读写提示

重读以上这些作品，不禁让我回想起当初写作和发表前后的情景。

比如《草地上的联欢会》和《珍珠雨》吧。两篇的灵感都是因为下雨而引发的。记得两个女儿小的时候，我们住在窄小的房子里。有一天下雨，她们不能出去玩，就在家里先是玩“过家家”，后来把床铺当舞台，甩着妈妈的纱巾，玩仙女下凡，又唱又跳。玩累了，姊妹俩就安安静静地坐在地上，头挨头地读一本小画书。这情景不由得让我感动，让我回味起自己小时候的山村生活。后来，我就以《雨天的歌》为题写了《草地联欢》和《珍珠雨》两篇短小的作品，寄给《小朋友》杂志。不久，收到圣野先生的来信和对《草地联欢》的修改和讲评。他在信上直率地、语重心长地批评我对幼儿文学的语言“有些陌生”“不够用心”等。我一边读信，一边看他对我习作的评改，在温暖中受教益。圣野先生写道：

“《草地上的联欢会》已发（1990年）6月号第1页。这是篇优美的散文。个别用字，还是深了。你写惯了中高，对幼儿文学的语言似有一些陌生。鲁兵（著名儿童文学家、编辑家、出版家）曾跟我多次谈起过你，觉得你虽然十分喜欢幼儿文学，但在过语言关上，似乎还不够用心。你要走进娃娃的天地，就得以娃娃之心为心，仔细做些体会，否则，写一辈子，也可能还在‘门外’待着呢。”

圣野先生从题目改起，一边改，一边给我讲道理。他说：“原题《草地联欢》‘加了三个字’就比较具体，否则太成人化了。”修改稿和原文比较，圣野说：“‘一场夏雨过后’改为‘下过雨了’，就要浅得多。对幼儿来说，不懂什么叫‘夏雨’。‘林中’，小孩子不懂，改成‘树林里’，就要好接受一些。‘娃娃们’，不加‘们’，更幼儿化，‘娃娃’也有多数的意思，幼儿很少用‘娃娃们’。”如此，如此，一个字、一句话地分析、修改、讲解，的确给我上了一堂幼儿文学语言课。

对《珍珠雨》倒没有怎么改，只动了几个字。我写作时，也像小马驹、小山羊，像蜜蜂和山玉兰们那样，对下雨充满欢乐。这篇作品发表在1990年《小朋友》第7期，并获当年《小朋友》“好作品奖”，又获第10届陈伯吹儿童文学奖。圣野先生给这篇获奖作品写了评论，称这篇“仅仅五百字左右的短短的散文，把夏天的一场透雨，写得那么色香味俱全，写得那么耐听，耐看，耐咀嚼，活像一幅立体的淋漓尽致的图画”。2014年，台湾南一书局把《珍珠雨》选入小学课本。

被台湾儿童文学界尊为“大家长”的林良先生，视儿童写作为“神圣的工作”，并给了儿童文学一个精准的定义：浅语的艺术。说：“这定义就是‘文学’的最正确的定义，只是那‘正确’，在儿童文学里尤其是正确里的正确罢了。”可否说，圣野先生对我习作的修改，就是“浅语艺术”的“正确”的示范。

第2堂课

和花朵说悄悄话（中）

2

Lesson 2

和花朵说悄悄话

万花溪绕着我们的村子，流着，流着。它是点苍山的一条溪流。

它的溪水里，永远漂载着好看的花瓣。溪水是香的，甜的，冰凉的。

当点苍山的冰雪刚开始融化，它的溪畔，已经开满了鲜花。

这时候，我喜欢提着小花篮，来到溪畔。闻闻这朵花，闻闻那朵花，我和花朵们说悄悄话——

你好，山茶花！你说，你的小脸，是在那个下霜的夜里，冻红的吗？还是你早起迎接太阳，早霞亲了亲你，你害羞了？山茶花，别只顾笑，你倒是把你的秘密告诉我呀！

你好，马缨花！

你好，含笑花！

哟，杜鹃花，叶上花，金银花，龙胆花，刺苞花，太阳花，地丁花，猫脸花，蝴蝶花……你们都好呀，万花溪畔的花朵们！

你们有什么喜事？你们为什么这么喜气洋洋？哟，你们已经寄出了芬芳的彩色的邀请信。你们的客人：蜜蜂和蝴蝶，就要来了。难怪你们这么忙，难怪你们这么喜气洋洋！

告诉我，万花溪的花朵们，你们为什么有这么多的色彩？蓝色，红色，黄色，白色，紫色……你们打扮了飘香溢彩的溪流，你们给我们的村子镶了一道花边。看你们笑得前仰后合，你们的家族多么快乐。你们喜欢多种多样的色彩，你们喜欢开出各种各样的花朵。

哟，万花溪的花朵们，告诉我，你们是大地妈妈的儿女吗？正像我们小娃娃，是妈妈的儿女、妈妈的花。我想，你们一定是大地妈妈的儿女。只有大地妈妈，才有这么多、这么美丽的儿女呀！

种水珠

我知道夜里下过雨了，你看，雨水给我留下了一串水珠，就挂在妈妈平常晾衣服的铁丝上。亮晶晶的，多好看哟！

我想，这串水珠一定是送给我的。可我站上小方凳，手才轻轻碰了一下铁丝，水珠们一闪，全都跳到地上去了。

哟，水珠们是种到地里去了吧！地上能长出小草，长出小树，长出小花朵、小蘑菇，也能长出亮晶晶的水珠吗？

哦，我把水珠种到地里去了！

爷爷

小木屋、火塘、烤茶罐和铜炮枪，还有一条漂亮的黑狗——这就是爷爷的家。

爷爷是守林人，他住在村后的树林里。

雪花染白了爷爷的胡子，山风吹皱了爷爷的脸庞。树林里的大树知道，爷爷已经很老了。

可是爷爷还是那么硬朗！他挎着铜炮枪，吆喝着黑狗，巡山，护林。每一棵树都认识爷爷。那些羽毛鲜艳的鸟儿：大山雀、杜鹃、八哥、金翅鸟……总喜欢给爷爷唱歌。

有一天，爷爷巡山回来，发现小木屋里插满了野花。原来，是采蘑菇的娃娃们，用清香的、美丽的野花，打扮了爷爷的小木屋。

月光花

和上夜班的人一样，我们白天睡觉。

我们叫月光花。我们在月光下开放，我们在月光下吐露芬芳。

我们怕强烈的阳光灼伤花瓣。是的，我们有点娇气。科学家解释说，我们体内有一座非常有趣的“时钟”。它叫我们什么时候开，我们就什么时候开；它叫我们休息，我们的花瓣就闭合起来。做事总得有个秩序，还要遵守纪律。我们相信，科学家的解释是对的。

可是，请听我们说。夜里，你们的城市没有灯光行吗？你们的乡村没有灯光行吗？唉，一个夜行人，看不见月亮，看不见星光，他该多寂寞啊！于是，当月亮出来的时候，当星光闪烁的时候，我们开放了，和城市的灯光一起开放了，和乡村的灯光一起开放了。飞蛾飞来了，我们给它清香，给它一点点蜜汁。孩子们在草地上做游戏，唱着“月亮堂堂，月亮光光”，我们点了一盏温柔的小灯，给孩子们照亮。踏着淡淡月光，母亲牵着女儿散步。用母亲的爱，把我们嵌在女儿的发间。哟，母亲的女儿，可爱的小姑娘多么娇艳！一个深山小站。列车的灯光划破黑夜，轰然而过。目送列车远去的当儿，扳道工惊喜地叫起来："月光花！"辛勤的扳道工发现，我们在陪伴他……

啊，和上夜班的人一样，我们白天睡觉。而当许多花儿睡觉的时候，我们代替它们上班。我们在月光下开放，我们在月光下吐露芬芳。

读写提示

昆明，或者说整个云南，都是花的世界、花的王国。也许正是我生活在花的云南，又是为花朵般的孩子们写点东西，我还真写了一些与花有关的散文。

这里所选的作品，大多就是写花或是与花有点关系的，比如《和花朵说悄悄话》，就出现了许多花。《种水珠》没有写花，但有这么一句：“哟，水珠们是种到地里去了吧！地上能长出小草，长出小树，长出小花朵、小蘑菇，也能长出亮晶晶的水珠吗？”“小花朵”们微笑着出现了。《爷爷》一文呢，在“采蘑菇的娃娃们”的心里，只有“用清香的、美丽的野花，打扮爷爷的小木屋”，才能表达对巡山护林的爷爷的尊敬、爱戴和感谢。

一般说来，即便是以花名为题的，我也不是纯粹地写花。我觉得写《月光花》的时候，我更动情，调动了更多的想象的元素，有场景，有人物，如母亲和可爱的小姑娘，甚至火车、深山里的小站和扳道工，虽然是跳跃地写，但是“细节”让场景凸显出来。我觉得儿童散文，特别是给年幼孩子写的儿童散文，一整个就是幻想的美！《月光花》就是一篇用童话手法写的散文，通篇都是“月光花”在说话，在表达自己对生活的热爱、喜悦和温情。读了这篇散文，你能尝试着用欢快喜悦的笔调，把这种心情写出来吗？

第3堂课

和花朵说悄悄话（下）

3

Lesson 3

鸟 树

我们村前有棵大榕树。

圆弧形的树冠，绿光闪闪，投下很大一片树荫。

我们喜欢到树荫下来玩耍。

这时候，我们听到许多鸟儿在树上鸣唱，看到许多鸟儿在枝叶间跳跃。有羽毛鲜艳、体形很小的太阳鸟，有戴着花冠、穿着花裙子的布谷鸟，还有周身黑得发亮、嘴角淡黄的八哥……它们嘈杂一片地唱着，吵闹着。

最有趣的是傍晚。没有风。晚霞染红了天边。一群一群的鹭鸶从霞光里飞来了。它们在水田里捉了一天鱼，现在飞回来了。它们的窠搭在榕树顶上。它们盘旋着，声音尖细地叫噪着，落在树梢上。整个树冠一片雪白，颤颤悠悠地摇晃起来。

我们村前的大榕树，变成了一棵多么美丽的“鸟树”呵！

河滩上

村前的小河，又活泼又快乐。它唱着歌，从很远很远的山上走来。在拐弯的地方，它放慢了脚步，淤出一片宽宽的河滩。

太阳淡淡地照耀着。河滩上长满了熟地草、狗尾巴草和奶浆草。红的小花、黄的小花和白色的小花，杂开在草丛间，一摇一闪的。蝴蝶从这朵花，飞到那朵花，说了许多悄悄话。蜜蜂飞蹿着，阳光从草叶上、从花瓣上溅起来。

有几匹马在低头吃草，打着响鼻。小马驹钻在母马胯下，踮着脚尖吃奶。牛铃叮叮，吃草的黄牛悠闲地甩着尾巴；有的抬着头，把青草反刍到嘴里重新回味，心情很好地看着远处的山、树和天上的云。羊群咩咩叫着，放羊狗跑来跑去，看它们抵架。云雀的歌声从天上洒下来。蚂蚁忙着搬家。螳螂和瓢虫约好了在草叶上晒太阳。

这时候，河里传来了响亮的笑声和吵闹声。一群放牛娃，光着屁股在河里游泳，玩水。他们叫，笑，跳，向同伴擢水，小河里飞溅着银亮的水花！

麻 雀

我们巷口的老房子要拆了，许多人忙着搬家，乱哄哄的。

我看见好多瓦雀（麻雀），还和平时一样，从瓦檐下飞出飞进。一只瓦雀衔着稻草，停在瓦沟边，歪着头看了一会儿热闹，身子一缩就进窝去了。我急得要死，拼命跺脚挥手，大声叫喊："快飞走吧！房子要拆了，你们的窝要毁了！"这些傻瓦雀，一点也不听话，还是叽叽喳喳叫着，飞着，我都要急哭了。

读写提示

大理的喜洲，是一个白族古镇，我少年时代就去过。当时给我留下深刻印象的，除了那些古典华美的白族建筑，就是村前粗壮繁茂的大榕树了。它是古老村镇的象征，被称为“风水树”。

后来我为这棵大榕树写过一篇短小的散文《鸟树》，并被方卫平教授选入他选评的《中国儿童文学分级读本·天空的翅膀》（幼儿卷·中班）。方教授在“分享阅读”中说：“散文对于鸟树的描写，抓住了两个特别的瞬间。一是无数鸟儿在树上鸣唱时的热闹景象，二是傍晚鹭鸶在树梢上盘旋、栖落的美丽景象。两个瞬间都充满了自然的生命力和诗情。这是用孩子的眼睛拍摄下来的两个瞬间，是孩子与自然之间的一种心灵交流。”我觉得方教授是一位敏锐洞悉作家写作心理和写作技巧的理论批评家。散文是一种融描写、叙事、抒情兼议论的文体。《鸟树》重在描写，用一种抒情的笔调来描写。描写需要观察。我观察了大榕树，观察了在傍晚鸟儿飞来的情景，而写作时，如方教授所说“抓住了两个特别的瞬间”，文章就有点动人了。

而给幼儿写散文，我觉得重要的是稚嫩、有童趣，让孩子读听后觉得赏心悦目就行了。

第4堂课

妈妈教我一个字

4

Lesson 4

走月亮

秋天的夜晚，月亮升起来了，从洱海那边升起来了。

是在洱海里淘洗过吗？月盘是那样明亮，月光是那样柔和。照亮了高高的点苍山，照亮了村头的大青树，也照亮了，照亮了村间的大道和小路……

这时候，阿妈喜欢牵着我，在洒满月光的小路上走着，走着，呵，我和阿妈走月亮！

细细的溪水，流着山草和野花的香味，流着月光。灰白色的溪卵石，布满河床。哟，卵石间有多少可爱的小水塘啊，每个小水塘，都抱着一个月亮！哦，阿妈，白天你在溪里洗衣裳，而我，用树叶做小船，运载许多新鲜的花瓣……哦，阿妈，我们到溪边去吧，我们去看看小水塘，看看水塘里的月亮，看看我采过野花的地方。

呵，我和阿妈走月亮……

村道已经修补过，坑坑洼洼的地方，已经填上碎石和新土。就要收庄稼了，收庄稼前，要把道路修一修，补一补，这是村里的风俗。秋虫唱着，夜鸟拍打着翅膀，鱼儿跃出水面，泼剌声里银光一闪……从果园那边，飘来果子的

甜香。是雪梨，还是火把梨？还是紫葡萄？都有，在坡头上那片月光下的果园里，这些好吃的果子挂满枝头。沟水汩汩，很满意地响着。是啊，它旁边，是它浇灌过的稻田。沉甸甸地，稻穗低垂着头。哦，阿妈，前面不就是我们家的责任田吗？春天，我们种油菜花，种蚕豆。我在豆田里找兔草，我把蒲公英吹得飞啊，飞……收了豆，栽上水稻。看，稻谷就要成熟了，像一片月光镀亮的银毯。哦，阿妈，我们到田埂上去吧！你不是说民族中学放假了，阿爸就要回来了吗？我们采哪一塘新谷招待阿爸呢？

呵，我和阿妈走月亮……

有时，阿妈给我讲一个故事，一个古老的传说；有时，却什么也不讲，只是静静地走着，走着。阿妈温暖的手拉着我，我嗅得见阿妈身上的气息。走过月光闪闪的溪岸，走过石拱桥；走过月影团团的果园，走过庄稼地和菜地……呵，在我仰起脸看阿妈的时候，我突然看见，美丽的月亮牵着那些闪闪烁烁的小星星，好像也在天上走着，走着……

多美的夜晚啊，我和阿妈走月亮！

妈妈教我一个字

妈妈，你是普通的农村妇女，你没有文化，你不是从书本上教我这个字，你是在生活里，用你的心让我感受，让我懂得这个字的含义。

妈妈，当我躺在你的怀里，吮吸着你的乳汁，你轻轻地拍着我的小屁股，轻轻地梳理着我的绒头发。这时候，妈妈，我知道你是多么爱我，你用爱的乳汁喂我。

你喜欢打扮我，妈妈。你说我是你的心肝、你的花朵。你给我绣了多么好看的“兜肚”，你用碎布拼接了多么好看的“百宝衣”“百宝裤”。还记得吧，妈妈，有一次绣花针戳伤了你的手指，我看见了红红的血珠珠。我捧着你的手轻轻地吹，吹。我说，吹吹就不疼了。妈妈，你笑了，把我亲了又亲。你真的不疼了吗？妈妈。

有一段时间，我们家生活很苦。爸爸不在家，他帮人家做事去了。你带着我，妈妈，过着很艰难的日子。我们吃了很多野菜汤。我的那碗，总是放了盐的。妈妈，你那碗没有放盐，你为什么会说比我的还香？我没有鞋子穿，赤着脚去放牛，脚上戳了刺。妈妈，你给我挑刺的时候，手为什么颤抖？你说你看不见刺，一点也看不见。妈妈，那是泪水模糊了你的眼睛。我知道，妈妈，你是流着眼泪给我挑刺。

在我们房后，有许多果树。有老祖栽的香梨树，有爷爷栽的核桃树，有爸爸栽的柿花树，还有花红树、杏树、李子树……我吃香梨，我吃核桃，我吃柿花，我吃花红……我有很多果子吃。妈妈，春天里，你叫我也栽一棵树。你说，自己栽的树，果子更好吃。于是，我栽了棵桃树，一棵很美丽的桃树。当桃树第一次结桃子的时候，我上学了。妈妈，我把最大的一个桃子摘给你，你却叫我把它带给老师……

啊，妈妈，你也是我的老师，我的第一位老师！你把世间最宝贵的一个字——爱——教给了我。从你的爱中，我认识了美丽的人生，我也懂得了爱的真谛：爱就是给予，就是牺牲自己给别人，像妈妈你一样。

书 包

你注意过小学生的书包么?

那些牛津包，那些塑胶帆布包、保健包，那些迷彩包！印着熊猫、长颈鹿，印着花仙子、蓝精灵、变形金刚……要多鲜艳有多鲜艳，要多漂亮有多漂亮！

看着这些使我们的城市变得美丽、鲜亮，变得朝气勃勃的小学生和他们的书包，一个仿佛是为了对比而出现的画面掠过心头，我想起我童年的书包来了！

我上小学，最初是在老家——乌蒙山区一个贫寒而美丽的小山村。那是将近四十年前的事了。那时，我家境况不好，本来是十几口人的大家庭也分了家。一间关过猪牛的厢房，成了我们的住屋。潮湿和窄小不用说了，土墙和门板上的猪牛和粪草的气息总也散不掉。父亲不在家，他很早就在外谋生。母亲带着我和妹妹，住在这厢房里，过着吃不上盐巴的日子！那时候，我已经到了上学的年龄。看到隔壁的伙伴大呼小叫地往小学堂跑，我也慌了。把母亲夹鞋样、夹丝线的几本破书翻出来，找两块和书本大小差不多的薄木板，又刮又磨弄光滑了，夹住书本，用麻线捆牢，拎着也往学堂跑。不用说，我又拎着我的破书，垂头丧气地、眼睛红红地回来了。读的不是这种发黄的残角缺页的破书，是新崭崭的语文、算术！要用钱买，要交学费！我买不起课本，也交不起学费！我只能远远地看着那崭新的漂亮的被伙伴们翻得哗啦哗啦响的课本，只能远远地模糊地看伙伴们的笑脸，听着他们夸张的兴奋的叫喊！我拎着我的破书，忍着我的泪水往回跑，往回跑……

可是，我看到了怎样的情景啊！

在我家低矮破旧的厢房门口，母亲坐在草墩上做针线。装针线、装碎布的团簸箕斜斜地放在母亲的腿上。薄薄的阳光。刨食的鸡。伸懒腰的狗。平和，宁静。母亲是多么年轻，乌黑的头发浮着一层亮光。母亲拈针在额头划了一下的当儿，抬眼看见我，粲然一笑说："都要进学堂读书了，还疯跑哪样？""什么？进学堂读书？"我疑惑、惊喜，叫了声："妈！"扑在母亲怀里大哭起来。母亲抚揉着我的头，温热的泪滴在我的脸上、脖子上。我嗅到特殊的只有母亲身上才有的气息和香味。母亲扯起衣裳揩眼睛，说"快挎上书包让妈看看"。原来母亲是在给我做书包！朴素的纯净的蓝色，盖面滚了边，嵌一枚绒布的鲜红的五角星。书包带长了点，母亲说我还在长高。母亲为我拉拉皱巴巴的衣角，理理额头上的乱发，泪光莹莹地把我看了又看……

我挎着母亲亲手为我缝的书包上学了。我知道母亲为了让我上学，为了给我缝个新书包，又帮人家推磨、舂碓，又熬夜为人家挑花做针线了。这难道仅仅是个普通的书包吗？它装满着母亲的希望母亲的爱呀！它使我在学业上不敢有所荒疏，不敢懒惰。尽管后来我又换了许多书包，但母亲给我做的书包，以及母亲做书包时的情景，我总也忘不了。

当然啦，我童年的书包，是没有今天少年朋友们的书包漂亮，没有那么多的色彩和图案。但是少年朋友，我们的书包有一点是相同的，那就是满载着父母的期望父母的爱！

读写提示

儿童文学理论家、编辑家、出版家孙建在《20世纪中国儿童文学导论》一书中说："儿童文学的发生与发展从来就与'母亲'有关。'母爱'原则永远是儿童文学的一个恒定的主题。"他在论述中，还引用了我的散文《妈妈教我一个字》中的段落：

你喜欢打扮我，妈妈。你给我绣了好看的"兜肚"，用碎布拼接了好看的"百宝衣"。有一次绣花针戳伤了你的手指，我捧着你的手轻轻地吹，吹。我说，吹吹就不疼了。你笑了，把我亲了又亲。你真的不疼了吗？妈妈。

我父母都以93岁高寿，先后于2010年、2011年安详过世。读着上面这些文字，回想父母的养育之恩，不禁眼湿。而这类文章，我以为也应以文字的朴素和情感的真挚才能打动人，特别要注重细节的饱满与真实。

像《走月亮》，则如王泉根教授点评的："在月夜的安详、宁静与美丽中，在往返回旋的节奏中，吟唱母爱与亲情，天上的景和人间的情交相辉映，意境温馨动人。"把母爱温情化为在月光抚照下的诗意美感、欢快弹唱，已经有许多想象的成分。我曾经说过，这篇散文的写作灵感，是读和儿童文学似乎不沾边的《浮生六记》得来的。读到"吴（今江浙一带）俗，妇女是晚（农历八月十五日夜）不拘大家小户，皆出，结队而游，名曰'走月亮'"时，我的目光惊喜地停留在了"走月亮"三个字上。这三个字无疑唤起了我的童年记忆。儿时和母亲踏月夜归的种种情景叠映眼前，思绪急飞。于是我握笔展纸，几乎是在某种美感享受和浮想联翩中一气呵成了这篇习作。阅读和写作的关系之大，由此可见，你懂的。

第5堂课

童年的风筝（上）

5

Lesson 5

兄弟树

小时候，我和哥哥栽过一棵核桃树。

如果你在山村生活过，你总会知道：春天，房前屋后的菜园里，或者厕所周围，或者堆粪草的地方，或者水沟边、小路旁，常常会在你不注意的时候，长出一些小树苗来。有杏树、桃树、柿花树，也有核桃树、板栗树……只要曾经落过种子，春天里差不多都会长出树苗来。

我和哥哥栽过桃树，也嫁接过梨树。可是，栽得最好的是一棵核桃树。

这棵核桃树秧，嫩得像从地里喷出的一柱绿色泉水。紫红色的小树干，只有筷子般粗，上面有无数黄白色的斑点。叶片上的一层粉白的绒毛，几乎盖住了它的嫩黄的绿色。最先发现它的，不知是哥哥，还是我。当时，我们在沟边割喂牛的青草。我们的欢喜是不用说的了。我们赶快用镰刀把它连根刨了起来，用青草包着，捧了回来。我们没有告诉任何人，我们要做一件秘密的事情。我们把核桃树栽在一点也不引人注意的地方，还砍了些刺柏把它保护起来。

我们栽的似乎不是核桃树，而是我和哥哥的神圣的希望。用不着谁来督促、谁来布置，我们保护着小树，给它施肥，给它浇水，给它捉虫……做这些事，有时还得采取“秘密行动”。

不用说，我们的核桃树长得很好。我敢说，要是有谁也栽了一棵核桃树，那最好、最壮实的一棵，一定是我们栽的。看着一天天长高的小树，我和哥哥别提有多高兴了！

小树长大了，秘密也就保不住了。但一听到别人吃惊地说：“呀，谁栽的核桃树？都长这么高了！”和哥哥相对一笑，心里是多么甜啊！

我们想说，这是“兄弟树”，是哥哥和弟弟一起栽的“兄弟树”！

第一次结核桃的情景，是我永远记得的。

那时，哥哥已经是合作社的会计，而我小学还没有毕业。我们看到核桃树上挂满了黄色的一串一串的核桃花。不久，一串一串的核桃花变黑了，落了一地。而绿叶间，已经缀满碧绿油亮的小核桃。村里大人说，一棵树上结这么多的核桃，他们还没有见过。看着一树的核桃一天天成熟了，我们舍不得打一个来吃。我们也警告小伙伴们，不要嘴馋，不要打还不成熟的核桃。在我暑假结束、新学年开始的时候，核桃成熟了，摘了满满的两背篼！到这时，我们才把我们的全部秘密公开：我和哥哥挨家挨户去送核桃——让村里的人，不论大人和孩子，都吃到“兄弟树”上结的核桃果！

离开家乡后，每年我都要吃到家乡寄来的核桃。当然，这些核桃，就不只是“兄弟树”上结的了。

斑 鸠

斑鸠又懒又憨，大家叫它憨斑鸠。

斑鸠听了自然不高兴。可是又没有办法去掉这个绰号，只好自己给自己生闷气，叫着："气嘟嘟——嘟！气嘟嘟——嘟！"

捉斑鸠那才叫有趣呢！有一种方法，又简单，又好玩。

斑鸠总是有一顿，吃一顿。冬天，田里庄稼都收完了，斑鸠找不到吃的，饿得发慌。打谷场呢，早收拾得干干净净的，连谷壳壳都没有了。斑鸠还是飞来了，这里刨刨，那里啄啄，想碰碰运气，看能不能找几粒收落了的粮食。

这是捉斑鸠的好机会了！你在谷场上，挖几个杯子大的洞，差不多也是杯子那么深。挖好了，把麦子或豌豆撒在洞里。这些都弄好了，你就找个地方躲起来，千万忍着别笑出声。

斑鸠又飞来了，它们急得到处觅食。

有一只发现洞里有麦粒，高兴得不得了。又有一只也发现了，哈！都发现了，它们都高兴得直跳。它们围着洞子转悠，伸头进去啄，又啄不着，急得没法子。那就再把头伸进去点吧，"扑"地一下，它来了个倒栽葱，插到洞里去啦！别的斑鸠见它脚朝天，怪好玩，还以为它吃到了很多东西，高兴透了。于是，各自都插到洞里去。你现在哈哈大笑也不要紧了，反正斑鸠飞不了啦，你就提着笼子来“拾”斑鸠吧。

读写提示

冰心老人在《我的童年》一文中说：“提到童年，总使人有些向往，不论童年生活是快乐，是悲哀，人们总觉得都是生命中最深刻的一段；有许多印象，许多习惯，深固的刻画在他的人格气质上，而影响他的一生。”细想我自己，我就一直认为，童年生活是我创作的财富，许多作品既是我童年生活的延伸，又有我童年的影子。

我从小生活在滇东北贫寒的乡村，十岁左右，才因病被在外谋生的父亲接到昆明，一边治病，一边读书。不久又随父亲到了大理，在苍山洱海间度过我的少年时代。尽管后来我长期生活在昆明，可是我提笔为孩子们写作，则大多取材于老家滇东北和少年的故乡大理，这不应了冰心老人上面的话吗？俗话说：“一方水土养一方人。”这种乡土情怀，简直就和遗传基因一样与生俱来。虽然我在家乡生活的时间不长，只有那么短短的几年，但是随着时光的流逝，童年的一些事反而在遥远中变得清晰。

我们的小山村在乌蒙大山中显得贫寒而美丽。小时候，我大多是赤着脚，和伙伴们放牛、割草、拾粪、打架、掏雀、游泳……乡村的夜晚寂静温暖，神秘漆黑，野兽奔窜。孩子们围坐在火塘边，听老人讲妖魔鬼怪的故事，害怕得挤作一团……我们村子背后是浓密的树林。树林里有火狐狸、野兔，有山菌、应时而开的花，鸟儿穿枝绕林，鸣唱而飞。村前的小河，让岸柳的绿枝和刺蓬拂着水面，走得平静而秀气，怎么看都是村前田间野地上浓重的一笔。我不知道小河的源头在哪里，到了我们村前，对面山脚的龙潭水又流了进来，增加了它的漩涡和清凉。秋冬季节，水退了，变成了一股细流，露出开阔的河滩。阳光下，彩色的小石子在闪闪发光。后来，我伏案写作了多篇散文。散文，渗透着作家的生命体验和体温，不论是一般散文还是儿童散文。

第6堂课

童年的风筝（下）

6

Lesson 6

老陀轶事

老陀不姓陀，姓赵，而且不老。

这家伙是我小学同学，中学考在一个班。我转学到一小的时候，同学们都喊他“老陀”，我也跟着喊。后来熟了，他约我到他家玩。小巷又窄又深，弯来拐去，院子却大。一口水井，井栏是整块青石凿的，有深深的绳印；一棵抓抓痒树，红花耀眼，落了一地碎花。老陀的爷爷倒是老了，一大把白胡子挂在胸前。走廊的圆柱旁，老先生斜坐在藤椅上，戴副老花镜，一手握着本老古书，一手抱着紫砂茶壶，一派仙风道骨。老陀喊了声“爷爷”，还不等老先生抬起头，拉着我就往屋里跑，老爷爷笑骂一声“没规矩”，随我们去了。老陀一直把我带到楼上，从他的床底下拖出个木箱箱，哇，一箱箱小人书！三国、水浒、西游、聊斋、西厢、红楼……老陀说用不着大惊小怪，随便看就是了。我找了几本聊斋，一屁股坐在楼板上看起来。正看得入迷，被狐仙鬼怪弄得毛骨悚然，一声“法宝来也！”老陀的宝剑向我刺来，我朝后一倒，那宝剑上挑着一本书正在晃悠。定睛一看，那书却是《封神演义》，我一把抓了过来！原来老陀这家伙，除了小人书，还有大部头呀！肯定是这些书看多了，老陀经常神经兮兮的，因此又有绰号“赵神经”。他常常带着一群小伙伴，在街头巷尾打野仗，爬树，上房头，踩烂瓦片，被大人骂得贼死。有一次居然表演“腾云驾雾”，撑开一把伞从房头上跳下来，幸亏跌在花坛上，砸坏一棵茶花，他受了点小伤。不过你得承认，这家伙的确聪明，画个孙悟空、刘备、关羽、张飞、赵子龙，提笔就成，活灵活现。

进了中学，老陀旧习未改，又添轶事，挑几件简记如下。

吃盆蒸饭那阵，老陀自备一个铁盖子的小玻璃瓶，内装辣子盐巴。铁盖用钉子密密麻麻扎了些眼眼，吃饭的时候，摇着瓶子一抖，辣子盐巴就均匀地撒在饭上了。看他吃得有滋有味，同学们都纷纷效法。可是有一次老陀出了纰漏，损失惨重。也不知他老兄怎么搞的，从课桌里拿出瓶子就撒，结果半瓶墨水倒在了饭盆里。同学们都惊叫起来，老陀大吼一声，以百米冲刺的速度，冲去“洗饭”。不论同学们帮着想了多少办法，一盆“蓝饭”怎么也洗不白了。洗到最后，老陀发怒了，义愤填膺地吼道：“不管是黑是白，我都要吃掉你！”他吃得很凶，一个女生悄悄说：“不好，发神经了。”

上中学那几年，我们经常下乡，有时候一学期差不多半学期在乡下。积肥、抗旱、修水利、抢收抢种、炼芳香油、向野生植物进军，等等，等等。苦和累不用说了，最最关键的是吃不饱肚子。那年夏天，我们到洱海边的一个村子“支农”。先是收割麦子，后是送肥，再后来是放水犁田，接着就是“夏至芒芒，点火栽秧”了。我们住在生产队的仓房里。所谓仓房，堆放的是农具，没有一粒粮食。要是有粮食，绝对不敢让我们住在里面。不过毕竟是仓房，还残留着粮食的气味，这气味越发让同学们饿得发慌，饿得睡不着觉。就是睡着了，肯定也在做吃饭的梦。梦还没有醒，起床出工了。从一下田，就想着那顿填不饱肚子的午饭，好像夜里的梦还没做完。我们都很羡慕女生，她们可以轮流在家帮厨啦，守晒场啦，做点轻活，说不定还可以多吃到一点什么呢。有天早晨，老师在出工前问还有没有请"例假"的？蓄谋已久的老陀立即举手说："我请'例假'！"女生哗地笑起来，把脸都笑红了。老师没有笑，说了一句："你不合请假。"老陀先是不服，看看气氛不对，只好扭着脖子说："不请就不请，有哪样好笑！"过后，聪明的老陀弄清了"例假"是回什么事，自己也不好意思了，特别是当着女生的面。

说到老陀的聪明，同学们有目共睹，一致公认他聪明得有点"鬼"了。

有一年秋天，我们去"向野生植物进军"。所谓"向野生植物进军"，就是到山上去拣野果，如椎栗栗、麻栗果之类。这些果实含淀粉，可以当粮食，至少可以喂猪。那次我们去得很远，"进军"在漾濞县一个叫阿扣场的老林里，拣了许多麻栗果。有天晚上收工回来的时候，老陀跳过一个沟就在地上打滚，哇哇哇叫肚子疼。张老美跑过去扶他，他趴在地上不起来，说是疼得站不起来了。张老美说："那我背你吧！"同学们扶的扶，推的推，把老陀弄上张老美的背脊，张老美拿出"张大力"的本事，哼哧哼哧背着跑起来。一口气跑到我们住的寨子，满头大汗的，又由同学扶着，一步一蹬，爬上竹笆楼。谁知老陀刚一落地，还没等问他好点没有，他自己就咕地笑了起来。"嗨！你肚子不疼呀？"张老美吼起来，脸上的汗珠子甩了一地。老陀只顾笑，气得张老美扑上去要揍他，被众人死死拖住。张老美气不住，说老陀这混蛋，在上楼梯的时候还放了个屁，"呸！把我的手都放臭了！"张老美一边骂，一边冲下楼去洗手。我们笑问老陀，到底肚子是真疼还是假疼？老陀说，一开始是疼，放了个屁就不疼了。我想老陀的话可能是真的，当然也不排除他要捉弄捉弄张老美。

前几天同学相聚，说起老陀轶事。张老美说他的手被老陀放了屁，霉戳戳的，打麻将尽输盘。同学们笑得前仰后合，完全回到了少年时代。

老鸭子

我是在西洱河里学会游泳的。

西洱河从我们学校旁边流过，它是洱海的出口。河面宽阔，水流从容。我们学校粉白的墙，青紫的瓦，闪着阳光的玻璃窗，还有学校门前那棵绿荫浓密的大青树，一整个夏天都开着满树红花的紫薇，全都倒映在河里，摇摇闪闪的，仿佛河里也有一所学校。

真有一所学校呢！这学校，就是西洱河。我们在这所学校里学游泳，学课本上没有的东西。我们童年和少年的笑声，渲染成满河的翠浪绿波；而我们和水草和细鳞鱼嬉戏的快乐，我们每一次的冒险和惊吓，成为它永远流不走的记忆和滔滔不绝的故事。偶尔，绝对是偶尔！险恶的漩涡还是卷走了我们的一个同伴。撕心裂肺的叫喊，慌乱的奔跑，痛哭和咒骂，暗淡了河面的波光。随后，老师的训斥，父母的棍棒，无可争辩地驱赶我们离开河岸。这时候，我相信西洱河也知道了自己的错误。它悲伤地流着，悄无声息地洗刷自己的过失并请求原谅。它其实是喜欢我们到它的水流里嬉闹玩耍的，否则它会像一个没有伙伴的孩子那样寂寞。于是，它用水波上跳跃的阳光偷看我们，用它的清凉，用它河底的彩色卵石的微笑和泼刺一声跃出水面的细鳞鱼的热情召唤我们。不可抗拒的诱惑使我们再次下水。我们玩命地泼溅着银亮的水花，以此纪念被河水带走的同伴，也找回西洱河赐给我们的那份快乐。

当然，每次下水，带头的总是胆子大水性好的老鸭子。这家伙简直就是一只真正的鸭子！他一个猛子栽进河里，好半天才从谁也想不到的地方钻出来，嘴里喊着："淹死我了！淹死我了！"假装手忙脚乱，打水翻跟头，逗河岸上的人哈哈大笑。他用放肆的粗野的叫喊，抒发他的快乐。要是有女同学在场，你看他那英雄劲，更是不可收拾。他不厌其烦地表演跳水，做许多有趣的动作。他的绝招是在水里倒立而行，两只脚像鸭掌一样在水面上滑稽地扑打。这不仅使他获得"老鸭子"的雅号，而且赢得了女同学的喝彩。他从水里钻出来，用手抹一把脸，紧闭眼睛，满口白牙地对着岸上喝彩的同学。"给我抓尾鱼！"女同学中有人喊。老鸭子闷到水里去了，好一会儿，他"哎呀哎呀"叫喊着冒出水面，他抓到的不是鱼，是一只螃蟹，一只夹住了他手指的螃蟹！

起初，我不敢下水，勉强下了水，也只敢顺着河边"狗爬爬"。是老鸭子教会我游泳的。别看他粗话连篇，教人游泳可真是又耐心又得法。他边示范边讲解，认真得要把河水变热。"来，试一试！"他托着我的肚子，大叫，"放平身子，挺肚子，挺肚子，蹬脚，划水……怕个屁，再来！"待稍稍有点基础，他就托着我的下巴，或者让我搭只手在肩膀上，带着我游。他老爱说的一句话是："怕个屁，有我呢！"真的，有他老鸭子在，怕个屁！他水性好，心眼好，一有呼救，你看他那奋不顾身非他莫属的样子，怪老练的。他救过好多不识水性的冒失鬼。那些突然脚抽筋，或者被水草绊住的伙伴，总是大

声呼唤“老鸭子”。只见他喊着“不要慌”游过去，一准化险为夷。

我也被老鸭子救过几回。有一次我逞能说可以游过大湾塘，黑亮说我吹牛。我气了，和黑亮争吵起来，最后还打赌。我把披着的衣服一甩，朝大湾塘走去。黑亮和几个凑热闹的同学喊喊叫叫跟在后面。老鸭子静静地躺在沙滩上晒太阳，把亮晶晶的沙子一把一把地往肚皮上堆。看着一圈一圈的漩涡，看着沸水一般的回流和泡沫，我的心有点虚了。黑亮也怕出事，说不打赌了。我以为黑亮是故意激我，把他一推就往大湾塘里跳。哎哟水好凉。左一个右一个的漩涡像一只只怪眼，又像一个个圈套，我要往东，它偏扯着我往西。同学们在岸上喊加油，我急于取胜没有掌握好节奏，呛了一口水，心一慌，章法就乱了。接着是一团泡沫盖在脸上，用手去抹只觉得有一股暗力往下拽。我不由自主地往下沉，同学们起先喊“加油”，这下变成了喊“救命”。在面临灭顶之灾的紧要之际，我仿佛听到老鸭子的声音：“不要慌！”我不知道我在水中是怎样挣扎的。当老鸭子把我救上岸的时候，我浑身都在发抖。黑亮吓哭了。老鸭子用干衣服给我擦身上的水，他冲着黑亮喊：“哭个屁！”转过身安慰我说：“没事了，没事了。”话说得软软的，我哭了。

不知怎的，我总觉得老鸭子对我特别好，对我一点不凶。是不是因为他穿补丁裤，冷天罩一件大人的衣服，我从来没有笑话过他，还是因为我经常让他吸我的墨水？有一次，我们在河里游了个够回到岸上，他对我讲起他家里的事。母亲前两年病逝了，在建筑社当泥水匠的父亲，带着他们弟兄三个，日子过得好紧。父亲脾气怪，动不动大巴掌就扇过来。“你妈在农村，你爹打你吧？”他问我。我似乎还沉浸在他讲述的情景中没回过神来，含含糊糊地摇摇头。“你比我好。”他说。我不知道该怎样宽慰他，只在心里深深地同情他。而他之所以对我那么好，一定是把我看成和他一样，是没有妈妈的孩子。老鸭子啊！我们沉默着坐了好一会儿。他突然站起来，豪壮地说：“不想这些了，总有出头的日子！”

小学毕业，老鸭子到建筑社当他爸爸的徒弟去了。我考取的那所中学又离西洱河稍稍远点。这样，我很少去游泳了。再以后，我高中毕业，在外地找到了工作，和西洱河离得更远了。也就是离得远的缘故，我对西洱河更加怀念，对我们那所西洱河旁边的小学更加怀念。前些年，我终于回去了一趟。我找到黑亮问起当年的小伙伴，问起老鸭子。先还很高兴，说起老鸭子，黑亮的语调凄楚起来。“老鸭子死了！”黑亮说。我张大嘴，凝固了要问的话。黑亮告诉我，老鸭子是让人打死的。“其实老鸭子本本分分的，说话的声音都没有小时候大了。他们追着他，他吓慌了，一个劲往西洱河边跑。枪响了，他就跌倒在河岸上，一地的血，流到了河里……”

和黑亮分手后，我独自来到西洱河边。一江流水，缓缓而去。我踌躇了。这就是融化过小伙伴的笑声的西洱河吗？这就是我日思夜想从千里之外赶回来朝拜的西洱河吗？流水不再清澈。岸边再没有沙滩。河里还有鱼吗？奇怪，大热的天，却没有人游泳。大热的天，我打了个寒战……老鸭子，我想你。我回来，多想约你再来西洱河游泳啊！可是你被人打死了。老鸭子，你不在了，我也不想游泳，不敢游泳了。我要是淹着了，谁来救我呵，老鸭子！

读写提示

诗人、散文家徐鲁在谈论我的儿童散文写作时，说我“一直在寻找着‘回到’童年去的路”。的确，我用“回到童年”唤起自己的童心，常常把童年写得诗意、快乐而温情。这样有时就“过滤”掉了童年的另一面：悲苦，或者如冰心说的悲哀。事实上，童年有快乐，也有悲苦，这才是完整的童年，而悲苦同样是滋养人的。就我来说，由于我家是村里不多的几家“地主”之一，我的童年其实是悲苦多于快乐。所以我说，“怀念的欢乐中有无言的忧伤”，同时也有少量的一些作品写了这“忧伤”，如《老鸭子》。

这篇散文，最初以《遥远的风筝》刊发在上海《少年文艺》上，《老鸭子》原题《游泳》。选入张美妮教授（2007年5月25日病逝。我对她充满怀念和感激）和金燕玉、汤锐主编的“新时期儿童诗歌、散文佳作鉴赏”《绿蚂蚁》（北师大1993年3月第1版）一书时，应编选者要求，我在文前写了几句“给小读者的话”：“快乐、忧伤、幸福和苦难，构成一个人的完整的童年和少年时代。在岁月的熔炉里最经得住冶炼的，莫过于这个黄金时期了。所谓人生风景的美丽与否，很大程度上就取决于从童年少年时代提取含金量的多少。”而编者则有较长的“作品鉴赏”文字。现摘引如下，以代为“读写提示”——

吴然在他送给少年儿童读者的这只“遥远的风筝”上，展示了记忆深处童年生活的点点荧光。奏出一曲关于“快乐童年，沉重人生”的叙事曲，读来况味绵长，与作者以前的儿童散文诸如《歌溪》《五彩路》相比，风格显然不同。

作品让人回味再三的丰厚内蕴，首先体现为行文中透出的那种沧桑感。正如作者所言，童年是由快乐、忧伤、幸福和苦难构成的，时间的流逝会把童年经历中那些苦与乐冲刷得同样明亮清晰。追忆童年时光，流年似水的心境油然而生，儿时玩伴的身影如在眼前。作品中无处不在的那种沉郁的沧桑感，主要通过散文中人物形象及其命运得以表现。

《遥远的风筝》是作者追忆童年的散文，却像一篇内涵丰富、人物生动的小说，也如一首韵味悠远的诗歌。文章的思绪是散的，似信笔写来，却成功地塑造了一个个性鲜明的少年形象。老鸭子胆子大，水性好，心地善良，家境贫寒却对将来充满希望，相信“总会有出头的日子”。以他的才干和魄力，成年后应该会有一番作为，但却死于非命。童年与成年命运的这一对比，既融入了作者对生活现象的思考，又不动声色地揭示了不同的时代特点。

流诸作者笔端的，都在一种从容、淡远而又真切的氛围中，以舒缓的节奏一一出场，加之作者娴熟运用语言的功力，使这篇散文深厚的内涵并不给读者沉重的感觉。即使是写老鸭子惨死的“悲”及儿时伙伴重逢的“喜”，笔调也是寓老辣于晓畅，含淳厚于平淡中，无大起大落。文末借孔夫子“逝者如斯”的警语，道出了作者虽未尽述于笔下，却暗含于文内的意蕴，有言虽尽而意无穷之妙。

第7堂课

唱吧，快乐的节日和风情（上）

7

Lesson 7

彩蛋节[①]

在清亮的小河畔，在绿绒毯般的河滩，我们过“彩蛋节”。

小草用嫩绿的叶片，野花用鲜艳的花瓣，我们用五色彩蛋，迎接春天。

砍来宽大的芭蕉叶，铺在草地上，打开阿爸编织的小篾兜，取出煮熟的、阿妈亲手着色的彩蛋。黄的，红的，绿的，紫的，白的，五色彩蛋组成的花朵，开放在碧绿的芭蕉叶上。

来吧！汉族小朋友，哈尼族小朋友，彝族小朋友，来和我们傣家娃娃一起过彩蛋节，来和我们傣家娃娃一起迎接春天。

来吧！过往的客人，北京来的植物学家爷爷，昆明来的地质队员叔叔，上海来的演员阿姨……来和我们傣家娃娃一起过彩蛋节，来和我们傣家娃娃一起迎接春天。

过了彩蛋节，春天会更多彩，会更美丽；过了彩蛋节，我们会长得更快，我们会更懂事。

注：①“彩蛋节”为云南绿春县傣族儿童传统的迎春节日，每年农历二月初十举行。

吃吧，把彩蛋剥开，我们野餐吧！

请尝尝我的，我也吃点你的。

撒一点在河里吧，让鱼儿也过彩蛋节；撒一点在河滩吧，让鸟儿也过彩蛋节。

留下最珍贵的蛋黄，那是金子般的心呵！让我们捧回去，献给长辈，献给老师，感谢他们的恩情，感谢他们的教诲。

唱吧，像金翅鸟一样，把迎接春天的歌声传遍四方！

跳吧，像孔雀开屏在绿色的草地，我们迎接美丽的春天来到我们家乡……

泼水节

初夏提着花篮来了。

凤凰花、攀枝花、太阳花、落三飘和伊兰香……美丽的鲜花，开遍西双版纳；盛装的西双版纳，迎来泼水节了！

泼水节，我们民族古老而又永远新鲜的节日啊！

我们也来泼水吧！用小瓷钵盛满清清的泉水，用树叶蘸着，轻轻地泼吧——

泼给小草，小草点头欢迎。祝福你，小草，愿你永远鲜绿，永远有许多虫儿来做游戏，捉迷藏。

泼给小树，小树拍手欢迎。祝福你，小树，愿你快快长大，招来凉爽的风，招来唱歌的小鸟，也招来在树下讲故事的老人，还有唱赞哈的歌手。

泼给花朵，花朵笑着欢迎。祝福你，花朵，愿你用许多色彩打扮我们家乡的土地，愿你用许多蜜和芳香，招待蜜蜂，招待蝴蝶，招待在花地上读一本图画书的小姑娘。

……

呵，泼水节！人们在互相泼水，互相祝福。我们向小草、小树和花朵泼水，我们还想向小兔、小猴、小鸟，以及许许多多的动物朋友们泼水……

读写提示

韦苇教授在其论著中引述辛格的话说：“文学如果没有民间的因素，深深根植于某一块特定的土壤，文学就会衰落、枯萎。如今，儿童文学比成人文学更加根植于此间。”（语见韦苇《韦苇与儿童文学》，安徽少年儿童出版社 2000 年版，第 127 页）辛格的话说得真好！

我生活的云南，是个少数民族最多的省份，除了汉族，还有 25 个少数民族，其中哈尼族、白族、傣族、傈僳族、佤族、拉祜族、纳西族、景颇族、怒族、布朗族、普米族、阿昌族、基诺族、德昂族、独龙族 15 个少数民族为云南所独有。有的少数民族除了有自己的民族语言，还有自己的民族文字。因此在云南，小学语文课本，要翻译成 18 种少数民族文字，进行双语教学和阅读，从而学好中文和普通话。少数民族同胞热情好客，能歌善舞，对外面的世界充满期盼和向往。同时，他们又像保护种族的血脉和生命传承那样，保留着自己的生活方式、习俗、民族节庆风情和宗教信仰。多年来，我有幸到过云南许多少数民族地区，和少数民族同胞大碗喝酒，大块吃肉，也参加过许多民族节庆活动，手拉手地唱歌跳舞。在所有的节庆活动中，孩子们是最快乐的参加者，而有的节日就是属于孩子们的。于是，我像孩子一样和他们过节，并听从童心的召唤，写了《抢春水》《秋千会》《闹春牛》《彩蛋节》《杨梅会》《泼水节》等短章，意欲让这些不可复制的古老的民族文化遗存焕发新鲜的现实的美，把少数民族孩子的快乐和对美好生活的向往，“诗意”地呈现给读者。由此，作家、评论家冉隆中评论说：“吴然的作品，既有浓郁的地域特色，又有鲜明的时代气息；既以其神奇美丽吸引少儿读者，又以其理想光芒昭示他们奔向未来走向远方。”

文学评论家、中国儿童文学组织者束沛德先生说：“吴然的散文、散文诗以交织着温馨的乡情与纯真而取胜。”王昆建教授也说，吴然取材于云南各民族地域文化中的自然风物和风俗民情的这些作品，“直接以民族文化事象作为文学表现的内容，并对之进行了诗意的描述，用凝重的笔墨和深沉又欢愉的情感将文化内涵栖息于诗意的传达之中，因而它们给予少年读者的文化认识是美丽、神秘而有趣的”。我提醒自己，作文贵有新意，而新意来自作者的构思和想象。上面这组作品的写作，我在尽可能从孩子的角度去享受节日快乐的同时，也用孩子的眼睛去发现诗意，发现美。比如，泼水节是傣族“古老而又永远新鲜的节日”。写泼水节的文章也很多，有的写泼水节的传说，有的写泼水节欢乐热烈的情景。我想我写泼水节，不能走这样的套路，得另辟蹊径。于是我写孩子们给小草、小树和花朵泼水祝福，“还想向小兔、小猴、小鸟，以及许许多多的动物朋友们泼水”，这就多少写出了孩子们对大自然的热爱和感恩，而一篇三百多字的短章，你说是不是也就有了点新意了呢？

第8堂课

唱吧，快乐的节日和风情（中）

8

Lesson 8

火把节之歌

题记：火把节是云南白族、彝族盛大的节日。传说白族火把节与一个美丽的爱情故事有关，彝族火把节则是怀念祖先战胜了天神。这组散章歌唱的是白族现实中的火把节。

火把花

六月，火把花染红山村的风。

太阳很辣。

花瓣雨淋湿乡间的路，淋湿热烈的向往。

苍山融化雪的洁白，滋润大理石的花纹。

银子般的溪水，给磨坊和碓房送去芬芳的歌声。

洱海漂满花瓣的云。

这是一个季节的提醒。

一个民族的火的节日就要到了！

是火把花映红了姐姐的脸，还是姐姐的脸增添了火把花的亮彩？

我看见脸红红的姐姐，喜欢站在村头的风水树下向邻村张望。

我知道那个村里有一座古塔。

清晨的雾，漫过塔顶。喜鹊和野鸽子在塔顶筑巢。

月亮挂在风铃上。叮咚的月光。姐姐的耳环。

传说古塔的建造，是为了一位英雄。
他身缚 24 把钢刀跃入蟒腹，杀死巨蟒。
英雄死于蟒腹。
巨蟒被烧成灰烬。和泥造塔，站起一位英雄。
风铃摇碎苍山的雪光，洱海蓝波荡漾。
姐姐不是在眺望古塔吧？
邻村的火把花也开了吗？
我知道姐姐的心思。一定是想邻村的那个阿哥了。
去年火把节那火红的日子。
山村吹响唢呐。
赛马！
蹄声卷起喝彩的浪。
一团云追着一团云。
姐姐的那束火把花，挂在邻村阿哥的马头上了。

邻村阿哥带走了姐姐的心。

姐姐，我知道你的心思了。

火把花烧亮了你的眼睛，姐姐。

火把花烧烫了你的脸，也烧烫你的心了，姐姐。

火把花开了，火把节就要到了。

你在花瓣上数着那个日子。

好害羞的姐姐哟！

邻村的阿哥

我见过你，邻村的阿哥。

一场春雨涨了溪水。卵石间流淌的声音雄壮了许多。堤岸长出鱼腥草、搓搓菜和水薄荷。

我在溪边捉蜻蜓，捉蜻蜓翅膀上的阳光。

杂乱的脚步声震动堤岸，惊飞我的蜻蜓。

一大群人。树苗软软地在肩上飘洒着清香。铁锹闪眼的亮。

那就是你了，邻村的阿哥——

头发飞扬，大声说笑，牙齿好白！

走过我身旁的时候，你朝我做了个鬼脸。难道你也认识我吗？邻村的阿哥！

你们去植树。

刚下过雨，苍山的土酥松了。

小鸟会在你们的树上歌唱吗?

我真的见过你，邻村的阿哥。

是在绕三灵（栽秧前的祈祷仪式）的队伍里吧？你手拍八角鼓，跳得满头大汗。

是在三月街的货棚里吧？你采来苍山的草药，还有好看的树根。在这些草药和树根中间，你和一个藏族汉子在讲什么呢？藏族汉子笑着，露出镶金的牙齿。你比画着，比画着，张开双臂如同雪山的鹰。

是在栽秧的季节吧？唢呐吹奏的“栽秧调”，长高了嫩嫩的秧苗。邻村的阿哥，你们来我们村举办“栽秧会”（换工互助栽秧）了！

“秧旗”高高地竖在田头。

系着彩带、雉尾和铜铃的旗杆。

杆顶的彩绸扎的祈祷“五谷丰登”的升斗。

斜挂在旗杆上的狼牙大旗。

邻村的阿哥，太阳晒红你的脸。水田倒映高高挽起的裤腿和手袖。倒映秧苗，天空，云。倒映鞭炮的脆响和青烟。倒映红的背心和金黄的草帽。倒映狼牙大旗红的笑声，黄的和蓝的笑声。倒映你，邻村的阿哥，你挑着秧苗从田埂上走过……

我一定是见过你了，邻村的阿哥。

而姐姐呢，她看见你的次数，肯定比我还多。

可是邻村的阿哥，姐姐看见你的时候，为什么脸会像火把花一样红呢?

为什么呢？

红指甲

采来凤仙花，姐姐要染红指甲了。

艳红的凤仙花，轻轻捣碎在土罐里。挑起浓浓的汁液涂染指甲，再用一片碧绿的豆叶细细包扎……

染红指甲的姐姐，好漂亮的姐姐！

粗粗的发辫缠绕着红头绳，亮闪闪地盘在额顶；发辫下的花头巾飘着雪白的缨穗。月白上衣罩着紫红领褂，浅蓝的围裙束紧你的腰身。

你是吉祥的喜鹊呵，染红指甲的姐姐。

沉静使你端庄。你在想什么呢？姐姐。

是想起了火把节的传说①吗？

松明楼的火光烧红南诏的天空。怒云翻滚，暴雨扑灭阴谋的狂笑。

柏洁夫人用滴血的十指控诉，滴血的十指染红夫人的坚贞。

注：①古时大理洱海地区出现一些以游牧部落为基础的称为“诏”的小国，最多时有“六诏”。传说蒙舍诏主想吞并其他“五诏”，并企图强占邆赕诏主的柏洁夫人。于是他建了一座松明楼，借六月二十五日祭祖之机，邀五诏主赴宴，然后放火烧死他们。柏洁夫人识破蒙舍诏主的阴谋，劝丈夫不要赴宴，丈夫不听劝阻。柏洁夫人只好将铁钏戴在丈夫手臂上，与之洒泪而别。五诏中计后，柏洁夫人以铁钏为记，双手刨寻夫骨，运回诏内，而且誓不从嫁，投洱海自尽。为了纪念坚贞不屈的柏洁夫人，妇女用凤仙花染红指甲，人们于农历六月二十五日的夜晚点燃火把，后演变为火把节。

美丽的传说流传了千年。火把烧毁罪恶，照亮苍山洱海的欢乐。

姐姐，微笑浸润你的脸颊。你用满脸的羞红染你的指甲。

你满脸羞红。

是邻村阿哥的马蹄声使你心跳吗？还是想起了在蝴蝶泉边唱歌对调子的情景？

哦，姐姐，是不是收到了邻村阿哥的信？

还记得那次在火把花下，你怎样把邻村阿哥的信读成满树红花！

花瓣落在信页上。

落在你的发辫上和头巾上，落在你的肩膀上和仰起的脸上。

满树红花读着邻村阿哥的信，满树红花写着对你祝福的喜悦。

姐姐哟，染红指甲的姐姐。邻村阿哥又给你来信了吧？信上一定说了让你害羞的悄悄话。

姐姐哟，染红指甲的姐姐。你染着红指甲，染着火把节的芬芳与圣洁。

挂红

村头繁茂的风水树前，竖起高高的火把，竖起火把的塔。

砍来苍山上的松树作杆，再用竹片、麦秆和松明捆扎。

插满了五彩的乐哈哈的三角旗，

插满“五谷丰登”“人畜平安”的祈祝。

还有纸扎的升斗，

还有彩绳系串的火把梨（当地水果）和乳扇（一种奶制品）。

狼牙旗大声说笑。

红、黄、绿在窃窃私语。

比周城的扎染（著名的印染工艺）还要多彩。

是一棵花树在太阳下盛开。

这时候，人们来“挂红”了。

把一根红丝线拴在火把上，默默地说出自己的心愿。

老人们来挂红了，他们虔诚地插一炷没有点燃的红香，口中念念有词，说的都是“风调雨顺”“天下太平”。

大嫂们和小媳妇们来挂红了，红丝线拴不住她们的笑声。祈求生个胖儿子的，心愿说在红红的脸上，说在同伴们的嬉笑声中。

是谁把两根红丝线拴在一起了？看他们挤出人群，小心地从老人面前走过，躲到大树背后去了。

姐姐，染了红指甲的姐姐，你挂了一根丝线，又挂了一根丝线，你是为邻村的阿哥挂吗？姐姐，不用你说我也知道你的心愿了，你把两根红丝线拴在一起了！

我也来挂红吧，我也拴上我的红丝线。

可是我的心愿实在太多！

我愿苍山的雪永远洁白，溪水漂着花瓣的清香；

我愿洱海的碧蓝放飞朵朵白帆，小鸟歌唱开花的土地；

我愿学校的钟声翻开小学生的课本，白鸽的哨音播撒阳光、吉祥和欢乐；

呵，我愿我快快长大，像邻村的阿哥一样，在过火把节的时候，有个姑娘也会给我挂红丝线……

舞火把

火把们都等待着，焦灼地等待着燃烧的时刻。

终于，唢呐吹响了，铓锣敲响了，火把点燃了！

用人们的心愿和祝福，一位老人和孩子一起点燃了火把，点燃了火把的生命。

雄性地，粗野地燃烧。

火焰很高。

火焰的欢笑。

这时候你看吧！无数的巨大的火把，点燃在苍山洱海间。

鞭炮声燃烧着。铓锣和唢呐的欢鸣燃烧着。沸腾的叫喊和笑声燃烧着。

祝福燃烧着。

心愿燃烧着。

火把散落无数红亮的星星。

人们来绕火把了，据说，在燃烧的火把下绕三圈，就能消灾得福，吉祥如意。

母亲抱着婴儿来绕火把了，小孙女牵着老奶奶来绕火把了，一对新姑爷新媳妇来绕火把了……

一圈又一圈，人们都来绕火把了！

沐浴过火把的光焰，沐浴过火把飘洒的火花的雨，也沐浴过古老的祝福和新的希望了，人们的欢呼，烧旺了火把。

天越黑，火把越亮。

这时候，人们点燃了自己的火把。

竹片扎的火把，松明扎的火把，用松树枝破成12瓣（12个月之意）的火把，在人们手上燃烧成灿亮的花朵，燃烧成真正的火把花！

成千上万的火把舞动起来，人们用燃烧的火把互相祝福。金亮的火星飞溅着火把的花瓣，照亮每一个人，照亮每一颗心。

呵，田埂上，村道上，场院上，都是火把的穿梭飞动，都是人们的欢声笑语！

看，有人举着火把，骑着马飞奔而来了。

是邻村的阿哥！举着火把，骑着枣红马，他在飞奔！

姐姐的眼睛亮了，姐姐也在飞奔。

姐姐的火把。

邻村阿哥的火把。

两支火把相遇了，两支火把燃烧在一起，舞动在一起了！

所有的火把都睁大了眼睛。

所有的火把都为他们祝福。

火把照耀着他们，照耀长长的日子。

姐姐哟，邻村的阿哥哟！

鲜花节[①]

我们的山村很小。

我们的山村在怒江边。

碧清的江水，映着两岸的高山：东岸的碧罗雪山，西岸的高黎贡山。我们的山村在西岸。村里有高大的攀枝花树，有木瓜树和核桃树。

我们生活在我们的山村里。

民族小学的钟声，准时敲响，古驿路上，马铃叮当。

铁链桥没有架通以前，阿爸把心挂在溜索上，像鹰一样飞过江去。

划着独木舟，阿爸在江上捕鱼；扛上犁头，赶着牛，阿爸上山种庄稼……

阿妈一边走路，一边纺线；在我们的衣裙上，阿妈绣制好看的图案……

我们生活在我们的山村里。

注：①云南怒族能歌善舞，酷爱鲜花，每年农历三月十五日是他们传统的鲜花节，孩子们是最快乐的参加者。人们互赠鲜花，互相祝福，夜晚饮酒跳舞，欢歌达旦。

我们对着大山唱歌，对着怒江唱歌。春天，我们要过鲜花节。

呵，春天——

怒江流着天上的云彩，流着两岸的花光；

太阳鸟的翅膀，托着鲜花的色彩、鲜花的芬芳；

炊烟升起了山村的笑声，竹筒里装满了苞谷水酒的清香；

这时候，我们的山村非常快乐，我们要过鲜花节了。

从高黎贡山，采来山茶花、杜鹃花；

从碧罗雪山，采来马缨花、龙胆花；

还采来雪山兰和虎头兰，采来紫丁香和野玫瑰；

鲜花节，我们民族古老而又芬芳美丽的节日啊！

我们把鲜花和种子，献给山洞里石刻的仙女。据说，她能给我们吉祥、勇敢和快乐。

我们互赠鲜花。

和带领我们向国旗敬礼的老师互赠鲜花；

和放电影的阿叔互赠鲜花；

和送来报纸与画册的乡邮员，和运来盐巴、布匹、肥皂、作业本和半导体收音机的赶马人互赠鲜花；

也和被太阳晒黑了的长辈互赠鲜花。

我们互相送鲜花，说许多美好的话。送鲜花的人和接受鲜花的人，都像花一样美丽呵！

最后，我们来到怒江边，我们把鲜花放在江流里。

听说，公路要修到我们山村呢。我们请江水送去我们的鲜花，献给修公路的阿叔。呵，公路就要修到我们山村了，我们请江水送去我们的鲜花……

读写提示

这组和上一组作品，都在歌唱各民族的快乐节日和奇异风情。不同的是，《火把节之歌》是以多部合唱的乐章出现，把跳跃的片段联成互为呼应的风情故事，意在表现如同王泉根教授说的“自然之美，童趣之美，生活之美，民俗之美”。作者并不是静止地“介绍”某种习俗、节日、风情的来龙去脉，如《火把节之歌》只在“题记”中说：“火把节是云南白族、彝族盛大的节日。传说白族火把节与一个美丽的爱情故事有关，彝族火把节则是怀念祖先战胜了天神。这组散章歌唱的是白族现实中的火把节。”随后就直接进入了“现场”。这篇作品在《儿童文学》的“文学佳作”栏刊发时，编辑家康文信先生有一篇《作品小析》，文不长，正好是一篇现成的“读写提示”，对其他各篇的阅读和写作也有启发，引录如下：

作者以火一样的激情，谱写了一支状景寄情、情景交融的“火把节之歌”，向我们展现了云南边疆多娇的江山和少数民族兄弟们炽热的情怀。

看那“火把花”，花艳得、香浓得“染红了山村的风”“苍山融化的雪”“滋润大理石的花纹”“银子般的溪水”“洱海飘满花瓣的云”……人们都说仙境美，可那是虚幻世界，而眼前却是美不胜收的真实存在。一位美学家说过，大自然的美是第一性的。我们不可能都去云南耳闻目睹，但读此文，恰似身临其境，享受到了美的滋养。

写景，在文学创作中是永恒的，但写景绝非孤芳自赏，而是为了写人。在如此美丽的背景上，“月亮挂在风铃上”那是姐姐的“耳环”，姐姐在树下读邻村阿哥的信，快乐得像“吉祥的喜鹊”，直读得“满树红花”。写阿哥雄健“像雪山的鹰”，“挑着秧苗从田埂上走过”引出了一连串“水田倒映”，劳动创造了美！写姐姐和阿哥之间的情爱，更如关不住的春光，这般的朦胧，这般的浓艳，叫人欣喜，叫人心醉。

文中还十分巧妙而贴切地穿插了古老传说、民俗礼习和民间工艺，从不同角度歌颂了云南民族兄弟们的善良、勇敢、勤劳与智慧，这样，文章就更加重了地域色彩和不仅眼前的还包括已经逝去的历史的文化的纵深感。

这篇散文，熔状景、寄情、说古于一炉，巧妙编织，浑然一体，可见作者生活积累之厚和笔下不凡的功力。

唱吧，快乐的节日和风情（下）

第9堂课

9

Lesson 9

踩新路

我们独龙族没有姓氏，不像汉族大哥有“赵钱孙李”百家姓。不过，我们每个人都有自己的名字，而且清清楚楚，不会弄错。为什么呢？独龙族取名字有个讲究。

以我的名字来说吧。

我叫“孔嘎·顶捧顶娜木阿克恰·朋”，长了点。这个名字由地名（有的是族名）“孔嘎”、父名“顶捧顶”、母名“娜木”、爱称“阿克恰”和我本人的名字“朋”组成。如果你熟悉独龙族取名的方式，你就不仅知道我的名字，还知道我是哪个家族的或哪个村子的，父母叫什么名字。要是嫌这样的名字太长，不好记，也可以省去中间父母的名字和爱称，比如叫我“孔嘎·朋”也可以。

是啊，我是孔嘎村的男孩“朋”。我们的村子在独龙江边。你一定听说过独龙江吧！它太美丽了。它的源头在很远的西藏。它的东岸是担当力卡雪山，西岸是高黎贡雪山。它像一条柔蓝色的绸缎，飘荡在两座雪山之间。它从我们村旁流过。它的蓝得发绿的江水，在巨大的江卵石间奔流，溅起的玉白色

的浪花，像一捧一捧碰碎的阳光。它唱着，笑着，吵闹着，从我们村旁流过，漂载着树枝、草叶和花瓣，它多美丽哟！

我知道你还没有到过独龙江，没有到过我们的小小的村子。就像我们，也很难走出独龙江一样。一条细细的马帮路，翻过高黎贡山的风雪垭口，连接着独龙江和贡山县城，连接着外面的世界。在这条马帮路上，走五六天，才到贡山县城，往返要半个月。每年的十一月，到第二年的四月，大雪封山，路就断了，没有人到独龙江来，也没有人走得出独龙江。这样的日子不是一天两天，而是半年。在这长长的日子里，只有独龙江陪伴我们。它的水流细了，声音也轻柔了，为了安慰我们而温和了。等到它的声音粗壮了，水流急促了，雪压冰封的马帮路就要通了。这时候，阿爹在火塘边坐不住了。他走出竹木房，手搭额头，看着雪光闪闪的高黎贡山，欢叫一声："阿克恰·朋！"我知道阿爹要我做什么了。"去，"阿爹还在看着高黎贡山，丢给我一句话，"给骡马加草料！"

接下来的一些天里，阿爹把马具、马驮子搬出来擦拭、修理，做着各种准备。阿爹是个"马锅头"（马帮的领头人），打从少年时代起，他就踏上坑坑洼洼的马帮路，马驮子里装满了货物，也装满了他的赶马调。阿爹喜欢这条路，也咒骂这条路。没有这条路，我们独龙人就真的与世隔绝了，恐怕连根针，连块盐巴都难见得到，就不要说别的东西了。可是有多少匹骡马在这条路上累死了，摔死了！有多少赶马人跌断了腰，摔断了腿！阿爹喝了酒，就给我讲这条路的故事，可从来不说要我长大了也当马锅头。

货备齐了。阿爹精心打扮的头骡，头戴红缨，顶一簇火红的牦牛尾巴，脖子上挂一颗金黄的大响铃，花笼套正中镶一面小圆镜，精神极了。阿爹拿出铓锣，就要鸣锣上路了。这时候，有人来说，公路修到乡上孔当了，货驮到孔当，交给汽车就行了。阿爹一听，拎铓锣的手抖动着，拧开葫芦，喝了一大口苞谷酒，“阿克恰·朋！”阿爹喷着酒气说，“跟阿爹去‘踩新路’！”

这是我们独龙族的习俗。一条新路开通了，男女老少都去踩一踩，让新的路带来吉祥、幸福和希望。自古，独龙人走的都是山间小路和马帮路。如今跑汽车的公路修进了独龙江，能不去踩一踩吗？

村里人跟着阿爹的马帮赶到孔当，“踩新路”的仪式已经结束，踩路的人还在一拨一拨地赶来。笑脸、歌声和叫喊，新鞋、新衣裳和独龙毯，映着高山的雪光。人们把花瓣、青松毛，还有从独龙江背来的冰凉的江水，洒在散发着新鲜泥土味的公路上。唱着，笑着，跳着，每个人都在湿漉漉的公路上，踩下自己的脚印，在新鞋子、新衣裳上，在脸上、手上溅满泥浆。我们在新建的汽车站卸了货物。“阿克恰·朋！”阿爹把铓锣递给我，鼓励我，“敲吧，敲响铓锣！”

“哐，哐，哐！”欢快的铓锣声响起来了，阿爹的马帮和着人群，把细碎的蹄印踩进了汽车的轮印里……

赛马三月街

白族喜欢过节。在所有的节日中，最盛大、最热闹的，当然就数三月街了。三月街已经定为大理白族自治州的“民族节”，每年农历三月十五日至二十一日，人们赶街过节，就像电影《五朵金花》里唱的：“一年一回三月街，四面八方有人来，苍山洱海齐欢笑，赛马唱歌做买卖。”好玩死了！

往年，我和村里的伙伴们，都要约着去赶三月街。我们又是看耍龙，又是看赛马，还玩打得螺，吃豌豆粉、凉米线……最让我激动的是赛马。看过几次赛马，我的心也痒了，央求阿爸把枣红马给我练练，让我报名参加少年组的比赛。起初，阿爸死活不答应。枣红马是他的宝贝。我们大理非常美丽，是旅游胜地。阿爸用马车拉客人，叫作“马的士”，一天要赚好些钱。阿爸买枣红马花的钱也不少，恐怕现在还没有赚够本呢。要叫阿爸停下“马的士”，又何况是三月街，赚钱的黄金季节，阿爸哪能放弃呢？说不动阿爸，我只好搬阿妈来帮忙。这天，阿妈特意给阿爸打了二两酒。吃过晚饭，阿妈编着草编，悠悠地说：“我说他阿爸，赚钱是长久的事，赛马一年只有一回，你就让阿旺试试……”阿爸掏出支烟，我赶忙凑上去给他点火。阿妈又说：“你也不想想，你年轻的时候，哪天不在马背上？”阿爸眯着眼睛，在我看来是很温柔地看了阿妈一眼，大大地吐了个烟朵，说：“那就让他试试。”我叫声“阿爸”，就冲出去给枣红马加草添料去了。

打这天以后，阿爸跑的趟数就少了，他要给枣红马省些气力。阿爸还教了我一些骑马的要诀，比赛里要注意些什么。我呢，更是精心地照料枣红马，偷偷地在它的糠料里拌上鸡蛋，还喂它红糖吃。枣红马油光水滑的了！它在草滩水边吃草，你的手轻轻一触摸，它身上的阳光就颤颤地晃闪起来。

呵，在耸立着宝塔的中和峰下，扎着红绸子的牛角号和过山号吹响了，唢呐吹响了，三月街开市了！耍龙队舞着青龙、黄龙、金龙，上下翻腾，左扑右跳，抢夺龙珠，把地上的阳光掀搅得青一道黄一道，闪闪夺目。我顾不上看这些，牵着枣红马，直奔赛马场。

古老的椭圆形的赛马场，人喊马叫，旗帜飘扬。几匹红马、黑马，是想在赛前热身呢，还是故意在大庭广众中招摇，跑过来，跑过去，渲染着赛场的气氛。沿着跑道，已经插了几圈红红绿绿的小旗子，优胜者除了比马的速度，还比拔了多少旗子。广播里说，成年组最后比赛，先让少年组入场。念到我的名字的时候，我看见阿爸和阿妈都在看台上向我挥手。马队绕场一周，接受人们的欢呼，接受金花姑娘们抛掷的鲜花与叫喊。跃跃欲试的兴奋被扇动起来了。我拍拍枣红马，意思是说：“拜托了！”枣红马晃晃脑袋，用一串铃声告诉我：“放心吧！”

黄铜大锣一声炸响，果敢与豪勇的比赛开始了！疾风暴雨般的马蹄声呼啸而过，人们疯狂地叫喊、跳跃。骑手们个个都想使出浑身功夫，在观众面

前露上一手。有的居然表演起骑马神技来了，忽儿钻到马肚子下面，忽儿倒立在马背上，忽儿双手伸开如雄鹰展翅……简直把奋勇夺冠忘得一干二净。突然，绝对是突然，我的枣红马溜出马队，不跑了！是跑不动了呢，还是不想跑了，不知道这家伙是怎么搞的？我一边呵斥，一边挥鞭直抽屁股，它只是原地打转，任凭“马屁”拍得再响，它也誓不从命，急得我大汗直淌。最后它老兄干脆调转马头，朝着马队相反的方向，绕场飞奔起来。这突如其来的举动，使全场轰动，大喝倒彩。枣红马受到前所未有的鼓励，肯定觉得比夹在马队里好玩多了，风光多了，一来劲，跑得更快，几次与马队迎头而过。我一下子猛醒过来，也不含糊，一路拔旗，最后居然抱了一大抱……

看来我的表现完全出乎赛马组者的预料。广播里宣布说：由于“傻马”捣乱，这场比赛不算……话音未停，人们已经笑倒一片，姑娘们更是弯着腰，捂着肚子叫“笑死了，笑死了……”

阿爸阿妈迎着我过来的时候，我差点哭了。阿爸牵过枣红马，在我肩上拍了一下，眨着眼睛，逗乐地说：“不错不错，旗子拔了不少嘛！”

读写提示

活泼如孩童的儿童散文，需要大胆的飞腾的想象，甚至添加某种或某些必要的“虚构的色彩”，使自己亮丽地飞起来。事实上，我们在写儿童散文时，往往要把自己幻化成一个孩童，用孩童的口吻去写作，这本身恐怕就是最大的虚构了吧。基于这样的想法或者思考，我的一些儿童散文中的人物，有时是纳西族小女孩，有时则是布朗族小男孩。如《踩新路》《赛马三月街》等，就在不失“儿童视角、散文品格”的前提下，用了点小说手法。

写作《踩新路》的2005年，我还没有到过心向往之的独龙江。我第一次去怒江是1985年5月初，到了贡山，还跟着马帮到了闪打。也很想去独龙江，因大雪封山，无法成行。可是我一直在收集有关独龙江、独龙族的资料，想象从来没有被污染过的碧玉般的独龙江的美丽，于是忍不住写了《踩新路》。2006年6月，我终于到了独龙江，在和老县长高德荣的交谈中，他告诉我：“公路通车那天的‘踩新路’，真是太热闹了！”2009年，我以《踩新路》为书名出了本散文集，次年获中国作协第八届全国优秀儿童文学奖。我在“获奖感言”中说：“评委们或许为鼓励我一直在散文的路上，并用多种笔墨探寻‘新路’，而认可了这本书。”

至于《赛马三月街》中的“赛马”，的确出现过“傻马”捣乱的戏剧性场景，那是在成人组的比赛中。我觉得这个场景出现在少年组，更有趣，于是写成了现在的样子，是篇散文化的小说了。故此，作家、评论家张永权说：“吴然的儿童文学创作，不仅具有真实的特点，在真实的基础上，还具有浪漫主义的特点。”

第10堂课

花篮里的歌

10

Lesson 10

老师的生日

我们的生日，妈妈记得。

老师的生日，我们记得。

当然，为了打听老师的生日，我们做过许多猜测——

老师的生日，是在开学那天吧？老师给我们发新课本，就像把她的生日礼物，分赠给我们。双手接过课本时，谁都能从老师深情的眼睛里，看到她的爱，她的希望。

老师的生日，是在“六一”那天吧？我们过节，老师也过节。看老师多高兴，多快活。她和我们一块儿吃糖果，一块儿拍着手唱歌。哦，她也和我们一样，用小手绢蒙住眼睛，在草地上捉迷藏……

我们也曾猜想：老师的生日，是带我们去远足那天吧？在溪流边，老师和我们一起，用树叶的小船，满载欢乐的歌声和新鲜的花瓣。我们找寻彩色的小石子，我们在山坡上采集标本，捕捉昆虫……我们给老师摘来许多野花，老师又一朵一朵地回赠给我们。你看野餐的时候，老师捧着她的饭盒，是那样欣喜地招呼我们：“来，都来尝尝！”哟，老师是让我们，分享她生日的

快乐吧?

后来,我们终于打听到了老师的生日,那是一个平常的、普普通通的日子。但是,这个日子,我们牢牢地记住了。

这一天,我们没有给老师送礼物,也没有请老师吃红鸡蛋和长寿面。可是,老师一定会发现:这一天,我们把黑板擦得最干净;这一天,我们的纪律最好;这一天,我们做的作业最认真;这一天,我们处处让老师高兴……

段先生

那时候，“先生”这个称呼已经收了起来。同学们还是叫他“段先生”。

段先生五十多岁，清瘦，下巴长撮黑黄的胡子；怕冷，老穿着那件薄薄的旧棉衣。他不教书，在学校里搞收发。我对他有一种近乎亲人般的温暖的感情。是不是因为我远离家门到这地方来求学，每次总是他亲自把带着他手温的母亲的信交给我，还是他常犯牙痛，苦楚而忧郁的面容感染了我？大概两者兼而有之吧。段先生右腿有毛病，行走不便。他还是挨班送信、送报。段先生夹着大摞的书报，一颠一颠走去的单薄的背影，总叫人感动。而每当碰巧下课，男女学生们围住他，七嘴八舌地喊着“段先生”，乱哄哄地问信，问报纸杂志，他用手压住书报、信件，故作惊讶地说着“等我看看，等我看看”的时候，那神态情景又多少有点像孔乙己“多乎哉，不多也”了。

除了收发，段先生还做一些杂事。学生的学籍簿都归到他那里。高中、初中，几十个班，一千多学生，每次考试的成绩，都由他记账般一笔笔填上去。由此，他几乎记住了每一个学生。他写得一手好字。教导处勒令退学的通告和表扬优秀学生的喜报，同出于他的手笔。甚至一个通知，一个寻物启事，一封感谢信什么的，也非他莫属。他的字几乎成了同学们练习书法的范本，同学们记住他的字也记住了他。前几天翻箱子，竟然翻出30年前初中入学考试的“准考证”，那名字和考号，分明是段先生的亲笔。还有几张发黄的奖状，还有两份订阅《少年文艺》的收据，都留下了段先生的墨迹。学生证离校时虽然已经交了，但我记得连每学期交了学费，写下“已交”二字的，也是段先生。一个人竟能做这么多的事，在现在简直是奇迹，又从不见他显得特别匆忙，他总是不紧不慢地、井井有条地做下去。他很少说话，而你时时处处都感到他的存在。

印象里段先生有两件爱物，一是黄铜墨盒，一是泥陶茶壶。墨盒方形，黄黄的，暗亮中隐隐透着一层温润的清光。几枝老梅，铁笔镂刻而成；几行小字，正是和靖先生林逋的咏梅佳句：“疏影横斜水清浅，暗香浮动月黄昏。”茶壶不大，绛红色，扁圆，壶肚上刻有“余香久远”四字，壶盖雕饰的是个小猴，已磨得面目全非。厚重的核桃木桌面，两件爱物，加上一个散乱地插满毛笔的粗大的笔筒，一摞账本般的学籍簿，一条大理石镇纸，这就是段先生的书案了。当他往桌前一坐，鼻梁上架副老花镜，一手把壶，一手握笔，悠然自得地抄写个什么通知、告示的时候，叫人忍俊不禁的，是他的冬烘状、夫子气。

然而段先生并不快乐。据说他的家就在城里。学校离城并不远，可他为什么很少回家？他家里还有什么人？也不见有人来看他。那年国庆节，食堂里有好菜，我见他独自一人喝酒，喝得脸色泛红，眼睛潮湿。黄昏了，起风了，要下雨的样子。这时他夹一把黑布伞，朝城里走去。秋凉的晚风吹着他。他一颠一颠的、不时要斜过身子躲避风沙和减少风的阻力的情景，任何时候想起来都历历在目。他还不怎么老，可是却使你感觉似乎已经到了风烛残年的老境。他孤独地踽踽而行，黄昏里，风沙那么大……

离开学校以后，我有好多年没有见到段先生了。不久前一位老同学来家小坐，谈起学生时代的事，我向他打听段先生。“段先生？”老同学愣了一下，说：“早死了，病死的。”“哦……”

读写提示

说到“老师”，总给人一种敬爱的亲切和深深的怀想。我们每一个人的成长，都离不开老师的培养、教育。老师是为我们“传道授业解惑”的点灯人，也是我们人生道路上的引路人。“我们用爱编织的花篮，装满了唱给老师的歌”，这是我在《小鸟在歌唱》这本小书中写的一句话。这句话，此刻也说出了我的心情和对老师的感恩。

这组作品都很浅显，易读。我想特别提一下《段先生》这篇为郭风前辈“至为喜欢”的散文。文中的“段先生”确有其人。他不是课堂上的“老师”，他不教书。但他给我，给我的同学们留下很深的印象，是一位真正意义上的“老师”，以至多年后这篇《段先生》在《光明日报》的发表，引起了我的母校大理下关中学的“轰动”，学校给师生印发了这篇作品，而段先生的亲人则拿着报纸痛哭……浦漫汀教授将《段先生》一文选入她主编的《中国儿童文学名著阅读文库·散文卷》时，文艺理论评论家蔡毅写了篇“导读指要”，引录如下：

散文《段先生》是作者依据自己的生活经历，以真人真事为创作原型而写下的一篇精粹短文。

全文从称呼开始。在早已不兴称呼“先生”的年代，尚有一人被称作先生，这不合时宜的称呼一开头就造成一种奇异感，吸引读者去了解段先生其人其事。

接下来用极俭省的笔墨交代段先生的年龄——五十多岁；外貌特征——清瘦，下巴长撮黑黄的胡子，右腿有毛病，走路一颠一颠的；生活习惯——怕冷，老穿着件薄薄的旧棉衣；工作性质——在学校搞收发，类乎校工。段先生所干的本是平凡得近乎卑微的工作，但却给作者留下了深刻难忘的印象。不为别的，首先是由于“每次总是他亲自把带着他手温的母亲的信交给我”，段先生实际就是一位母爱与温情的传递使者。

然而送信送报不过是段先生日常工作的一部分，尚不足以体现其人生之价值与分量，但登记成绩，写通告、喜报、感谢信和寻物启事等，便展现了段先生的另一面光彩。因为他能写一手好字，以至他所写的字，几乎成了同学们练习书法的范本。段先生用自己诚笃勤勉的工作，赢得了学生们的敬重，让人“时时处处都感到他的存在”。

介绍完段先生的一般情况后，作者特意选择了他的两件爱物：一铜墨盒一陶茶壶，细加描述。这看似闲笔，其实内中别有深意，因为它们皆是显示段先生身份及性情的东西。墨盒乃文人谋生之物件，陶壶乃喝茶品茗之器具，二者结合正好能体现段先生“一手把壶，一手握笔”的悠然自得的神态，这便是一个典型的清贫自持的文人的“冬烘状、夫子气”。他总是孤独地踽踽而行，活得压抑而艰难，最终又默默地死去，令人充满惋惜与同情。

读罢全文，好奇的读者不免会产生段先生家在何方、家中何况、为何活得那般孤独寂寞等许多疑问，文章一概不回答此类问题。因为作者自己亦不清楚底细，且也不愿去进行烦琐的考究或是费力的杜撰。作者只忠实地记录下自己的感受与记忆，其余的皆留给读者去揣测体会。

《段先生》属写人记事散文。从表面看，它叙述的不过是几件不足为奇的凡人琐事；从深处看，作者是用凄清哀婉的笔调抒写了特定时代和特定环境下一位老知识分子的性情与命运，以寄寓自己对普通知识分子的真挚的同情和赞颂，以及对人生世事的思考。

本文的写作特点是纯用白描手法，选取富有个性特征的细节、场景和画面来展现人物性格。文章繁简得体，语言平实精练、准确传神，其风格是用一种最自然、平易、冲淡的态度去传达一种绵长、悠远、深邃的意境。如对段先生在黄昏雨前夹着黑布伞进城的描写，情景交融，十分感人。整篇文章，作者都在写小事凡人，流溢的却是温润亲切的真情，让人以小见大，从表面去悟及深层，其说不清道不完的感伤意绪尽在不言中。

我想，读者朋友是会认同蔡毅先生的评说，也会明白郭风前辈为什么对这一篇散文“至为喜欢”了吧？

第11堂课

校园钟声（上）

11

Lesson 11

民族小学

早晨，从山坡上，从坪坝里，从一条条开着绒球花和太阳花的小路上，走来许许多多的小学生，有傣族小学生，有景颇族小学生，也有阿昌族和德昂族小学生，还有汉族小学生。他们的穿戴不同，他们的语言不同。可是，他们来到学校，就都成了好朋友。他们鲜艳的服装，把学校打扮得更加美丽。他们一齐向高高飘扬的国旗问好，向老师问好，向在校园里飞蹿欢叫的小鸟问好！

“当，当当！当，当当！”大青树上的钟声响了。

上课了，不同民族的小学生，在同一个教室里上课。他们跟着年轻的女老师，用普通话读课文。老师读一句，他们读一句。他们的声音真好听！这时候是多么安静，连树枝都不摇动了，鸟儿都不吵了，蝴蝶们也停在花朵上，好像一切都在听小学生们读课文。最有趣的是，跑来了一只猴子、一只山狸，这些山林里的朋友，是那样好奇地看着小学生们读课文、画图画……当小学生们在大青树下跳孔雀舞、摔跤、做游戏时，也会招引来许多小鸟，甚至孔雀、马鹿和麂子。

啊，这是一所民族小学，一所南方边疆的民族小学。古老的铜钟，挂在大青树粗壮的枝干上。凤尾竹的影子，在洁白的粉墙上摇晃……

喊沙民族小学

来到喊沙民族小学，正赶上放午学。一位老师敲着挂在西西果树上的钢管，炸耳的脆响声里，孩子们从教室里吵吵嚷嚷轰跑出来。有的把书包往树枝上一挂，叫喊着跑到河里去了。学校旁边的小河里，立即响起拍打水花的声音和嬉笑声。有的簇拥着，从我身旁走过，叽叽喳喳说着傣话，融进蔷薇花、绒球花的路径。在明亮的亚热带的阳光下，这些鲜艳如花的傣家孩子们，给我以极大的兴奋。随着他们的离开，学校里静寂下来，四周的竹篱草顶教室，像鸟窝一样空荡了。

学校里有六位老师，这时都走了出来。我们在一蓬凤尾竹下交谈，彼此介绍。我的笔记本上，记下了他们的名字：杨德清、阎菊英、丙、熊凤珍、杨爱萍、赵维丽。都是年轻人。只有杨爱萍结婚有孩子了，孩子也只有十个月。奶奶又领孩子，又帮她做饭。她爱人是一位公安人员，在梁河县工作。她想把爱人调到瑞丽市来，报告写了几个月还没有动静。看到她着急，同伴们和她开玩笑，她红着脸跑开了。学校里没有食堂，只有杨爱萍一放学就可以吃到热饭热菜，其他老师还得自己烧火现做。我到过几所民族小学，都是这样。

比较起来，边疆的小学老师、中学老师要艰苦多了。我对他们充满敬意。

热情的老师们邀请我和他们一齐煮饭吃。他们除住房外，各有一间小厨房，都是竹棚。几位年轻女教师，不仅住房收拾得干干净净，厨房也是整整洁洁的。只是苍蝇多，老鼠多，简直没法治。受她们的影响，或者监督，学校里唯一的男教师，被她们戏称为“独儿子”的杨德清，也很爱干净。杨德清矮矮胖胖的，一团和气。他当老师已经两年了，看来他很爱他的工作。他的书桌上，有教科书，有作业本，有教学参考书和教育学之类的书，也有诗歌和小说，还有一束新鲜的玫瑰花，插在一个罐头瓶里。看来他也很会生活。我到厨房里来，他只让我往火上添柴，其他事不要我插手。不一会，他焖热了饭，炸花生米，炒豆腐，炒青辣子，最后又冲了一锅小葱蛋花汤。一阵子忙乎，弄得他满脸通红，鼻尖冒汗。

吃饭了，各人把各人准备的饭菜，汇集到阎菊英的厨房里来，出自五位老师之手的不同的菜肴，摆满了一张方桌。不是什么大鱼大肉，都是普通平

福

常的菜食：白菜、四季豆、花生米、牛干巴、酸菜豆腐、洋芋、辣子、小干鱼……摆在一起是那样丰富，那样新鲜。除了色香味俱全，还有什么呢，还有老师们纯洁美好的心愿。我不是他们的客人，而是他们的朋友。傣族女教师丙，拎来一壶甜酒。花瓷碗里倒了酒，我们举起来，为愉快的聚餐干杯！六个人，一边吃，一边说笑，杨爱萍终于忍不住，抱着小胖儿子来打平伙了。吃了一阵，身热脸红，我请丙跳个舞，大伙拍手赞成。她忸怩了一下，放下碗筷，走到场院里，跳起了孔雀舞。几位女老师为她哼着曲调，拍着手打节拍。欢声笑语，吸引了一些早早到校的学生，他们挤着看老师跳舞，也对我这个陌生人指指划划，怕是把我当作新来的老师了。

出来十天，这一天是过得最愉快的一天，这一餐饭也是吃得最好的一餐饭。我将永远记得喊沙民族小学，记得年轻的老师们。

读写提示

我们的许多美好时光，都在学校里度过，从幼儿园、小学、中学，我们听着校园钟声长大。在不同的年龄段不同的校园，我们都有太多珍藏着的记忆。

因为给孩子们写点东西，我也常常会到学校里去。看到孩子们追逐跑跳，读书唱歌，我都会想到我的“山村学堂”，想到我西洱河边的“小岛岛”，想到“学校旁边一条河”，想到校园里的“梧桐树”，想到我的同学、老师，还有我拜访过、采访过的民族小学……

也许我也曾经是农村孩子，我最初就是在村小上学，我对村寨里的小学校有一种与生俱来的亲切，在边疆旅行或走村串寨，我总喜欢到小学校看看。村寨里的小学校挺显眼，很好找。在大青树、芭蕉和凤尾竹的鲜绿中，一面高高飘扬的国旗，恰如“万绿丛中一点红”，招引着你，你走过去，一片唱歌一样的读书声告诉你，这就是小学校了。当年我所到过的小学，大多是草顶竹笆房。四面通风的教室，毒蛇都会钻进去。课桌就是一长条木板，而凳子，不是一截树墩，就是一根粗粗的被孩子们的小屁股磨得光溜溜的竹筒。那年在高黎贡山西麓我国西南边陲最边远的村寨——古浪、岗房，年轻的女乡长带着我在寨子里转悠。路过一所民族小学时，我听到一位老师用一种民族腔很浓的普通话，正在教学生读课文。老师读一句，学生读一句，我和女乡长都停下来倾听。我很激动。我想不论是谁，在这样边远的靠近国境线的小学校旁，听到孩子们稚嫩的嘤嘤嗡嗡的读书声，你不能不感动。那是多么好听的声音啊！曾经有句流行的话叫“有一种美丽叫感动”。或可以说，我把这种感动着的生机勃勃而又独特的美丽，写进了《民族小学》这篇散文。最初，这篇短小的散文是用第三人称写的，刊发在《小朋友》杂志上。选入人教版小学语文教科书时，编者不仅对文字作了修改，还改题为《我们的民族小学》，变换了叙述人称，在亲切中有一种身临其境之感，也拉近了和读者的距离。

这篇短小的散文，着重写了各民族小学生在一起上课读书、课间玩耍的快乐情景，从而突出“民族小学”的特点。整篇作品有一种色彩感，散文诗一般的节奏感。我自己还比较喜欢最后一小段：“啊，这是一所民族小学，一所南方边疆的民族小学。古老的铜钟，挂在大青树粗壮的枝干上。凤尾竹的影子，在洁白的粉墙上摇晃……”我想用富有感情的文字画一幅画，让它细细地染在孩子们的心头。

同样是写“民族小学”，《喊沙民族小学》写的是放学以后，“学校里静寂下来，四周的竹篱草顶教室，像鸟窝一样空荡了”的时候，和年轻的老师们短暂相处的情景。整篇文章，实际上就是我当天日记的一部分，作者始终“在场”，语言则简朴而带感情，字里行间洋溢着对边疆年轻老师们的敬意。如果你把《喊沙民族小学》和《民族小学》（或作为课文的《我们的民族小学》）对照阅读，我想一定会有别样的感受涌上心头。试试看。

第12堂课

校园钟声（下）

12

Lesson 12

巴坡小学

独龙江不睡觉，夜里照样流着，波浪追赶着波浪，又唱又跳。早晨，白而蓝的雾气在江面上飘飞着，在给独龙江洗脸呢。

这时候，一群独龙族小学生，还有他们年轻的老师，也到江边来洗脸了。花花绿绿的衣服，新鲜的脸蛋，以及吵闹、笑声，都映在流淌的江水里。

洗了脸，小学生们坐在江边的石头上、草地上，用卖力的、拼命的读书声，和独龙江的流水声比赛。读书声和流水声响成一片。有的小学生怕干扰，用双手捂住耳朵，只顾大声读书。巴坡小学就在独龙江边。

独龙江在云南最边远的西北边，独西靠与缅甸接壤的担当力卡山。独龙江一共有11所小学。独龙江的第一所小学是巴坡小学。这是我拜访过的最边远的小学之一。这里有半年的时间大雪封山，与外界来往很难。1952年，这所小学的建立，结束了独龙族“结绳记事”、没有学校的历史。

巴坡小学建在独龙江西岸担当力卡山的山坡上，太阳一出来，就照在学校门前高高飘扬的国旗上。刚刚建立的时候，这所小学一定是独龙江最美丽、最高贵的建筑。两层楼，木石结构。二楼的外走廊，镶有竹节形的木栏杆。

站在走廊上，波飞浪翻的独龙江就在眼前，它绿蓝的波光，映照着学校的门窗。

数十年间，巴坡小学曾经是独龙江唯一的一所完全小学。独龙江沿岸村小的学生，四年级初小毕业后，都集中到中心完小读书，作为寄宿制高小班。“36年前，我就是从这所小学毕业的。”贡山独龙族怒族自治县老县长高德荣，指着巴坡小学的校牌说。高县长后来读了怒江傈僳族自治州师范学校，曾回到巴坡小学教了5年书。“现在，巴坡小学有56个学生，5位老师。”高县长对这所学校了如指掌。显然他也看到了学校的破旧。半个多世纪了，校牌上的油漆早已脱落，字迹也都褪色了。坏朽的门窗裂着缝，缺着角，或者粗糙随便地钉着木条子。教室前面的场院，坑坑洼洼，好像无端地从地上长出一些石头……

学生在上课。看见一下子来了这么多的车，这么多的人，他们从没有玻璃的破烂的窗子里探出头来，脏脏的小脸对着我们笑。木文忠校长告诉我，5位老师中，有4位男老师，年纪都大了。“还有一位呢？”我问木校长。“小刘老师年纪轻，”木校长指着侧边的一道门说，“她也在上课。”我走到门口，见教室很小，光线很暗。但是，因为小刘老师，这间很小很暗的教室敞亮起来！小刘老师穿一件白色的无袖T恤，一条深蓝牛仔裤，用黄白色扎头绳挽了个“马尾巴”，健美，青春！小刘老师叫刘春梅，是位汉族姑娘，一家人都在泸水县。去年，她从州师范学校毕业，分到巴坡小学。她教各年级的语文。小刘老师告诉我，学生都很努力，只是一年级的小朋友，先要学一段时间的汉话。我问一个叫王正华的同学喜不喜欢刘老师？王正华很害羞，抬头看看小刘老师，又回头看着几个同学，接着，他和同学们像回答老师的问题一样，很大声很整齐地说：“喜欢！”我们和小刘老师都笑了。“该下课了。”小刘老师说着，走出教室就去敲钟。“钟”是一节碗口粗的铁管，挂在场院前边的一棵柳树上。

我在教室里看小学生们办的墙报上有一位同学写的《我们的教室》，开头一句就是：

> 我们的教室，有明亮的玻璃窗。早晨，太阳一出来，阳光透过玻璃窗照进我们的教室，照在黑板上，照在黑板的上面的五星红旗上。五星红旗光彩夺目，我们的教室很明亮……

读着这篇作文，我的眼睛湿润了。我知道，巴坡小学的教室没有玻璃窗，窄小、光线不好，课桌好多都烂了。这位同学写的，是同学们的期盼，也是小刘老师的期盼吧！

梧桐树

校园里的梧桐树，你是我们的朋友。

我记得你春天发芽的时候，灰白色的、有细柔绒毛的芽苞，是多么新奇、多么快乐地出现在枝头！春雨给你洗了澡。就像小弟弟微笑着睁开眼睛，你枝头的芽苞都绽开了。你的有着美丽斑纹的树干，绿得非常可爱。除了你，还有什么树的树干，能这样绿呢？

校园里的梧桐树，你是我们的朋友。

我想，在夏天那些炎热的日子里，你一定看见我在你的树荫下做功课吧？你也一定知道，这水磨石的圆桌，是什么时候安放在这里的吧？我听老师说，是以前毕业班的大哥哥、大姐姐们留下的纪念。梧桐树，你一定很高兴吧？光滑的、明净的、美丽的水磨石圆桌，安放在你的树荫下。我仰着头看你。透过你密匝匝的绿叶，我看见晶亮的阳光在闪烁。我好像看见了夜空中的星星。我好像看见了你的明亮的眼睛。你也在看我吗？梧桐树！

校园里的梧桐树，你是我们的朋友。

秋姑娘还在忙碌着：忙着给田野里的庄稼涂颜色，忙着给果园里的果实

涂颜色，忙着给山林里的树木、野草，以及各种各样的秋天里的花朵涂颜色。梧桐树，你开始悄悄地落叶了。你为什么要落叶呢？梧桐树！我愿你永远鲜绿，永远有一片树荫。可是你摇摇头，又抖落几片树叶。满枝的叶片都要落光了，你就不难过吗？梧桐树！我们把你的落叶积起来。我们点燃了叶片和枯枝。火焰跳跃着，发出呵呵的笑声。我们把黑色的灰烬，埋在你的脚下。让你落下的叶片，变成你的养料吧，这是我们非常真诚的希望。

我突然发现，原先在你树荫下的水磨石圆桌亮了起来。那里照射着灿烂的阳光。我明白了，梧桐树！你是想，冬天特别需要阳光，你落了叶，好让阳光更多地照射大地吗？我敢肯定，梧桐树，你准是这样想的！

校园里的梧桐树，你是我们的朋友。你给我们浓荫，你给我们阳光。

读写提示

有一次，我偶然在网上看到一篇关于《巴坡小学》的“问答”。

问：(1)一句话概括短文主要内容。(2)文章通过老县长高德荣的眼睛反映学校破败景象的目的是什么？(3)短文为什么详写“健美”“青春”的小刘老师？(4)文章第一段的环境描写有什么作用？

答：(1)讲述了拜访边远的独龙江西岸的巴坡小学的情况。(2)巴坡小学具有重要的历史意义，同时亟待在现时段被重视。(3)a.小刘老师是具有特别之处的典型。她是此处唯一年轻的女教师。实写小刘老师作为代表，是介绍教师的情况，她作为青春健美的老师，是照亮教室的风景。正是她带领着孩子们的学习生活，象征着朝气蓬勃和充满希望的明天。b.同时，作为汉族老师，带领着傈僳族和独龙族小朋友，体现了民族团结；作为青春的女孩，也体现了她的奉献精神。c.她青春健美的形象与学校的破败形成了对比，也反映了学校的现状。(4)环境描写，交代环境，引出下文。从独龙江的“洗脸”，过渡到人物的出场，孩子们的洗脸，以及故事的讲述，衔接自然。

我觉得“问答”还真有点意思，虽然我在写作的时候，对这些“问答”并没有细想过。在所有的“问”与“答”中，第(3)个“问答”，我觉得比较有质量。不知读者朋友还有什么样的问题？

2006年6月，我和一些朋友第一次走进独龙江，回来后我写了篇较长的散文《独龙江之旅》，刊发在上海《少年文艺》2007年第10期上。之前，作为《独龙江之旅》中一节的《巴坡小学》，删节修改后已发《人民日报》，上述网上之“问答”，即是以《人民日报》文为提问对象的。

第13堂课

月色多美好

13

Lesson 13

玩月亮

我们的村子叫“大树村”。

你知道村里有多少大树吗？不知道？就给你说说最大最古老的一棵吧！这是一棵大青树，又粗又壮地站在祠堂后面。它的一个枝丫被炸雷劈掉了一半，伤疤长成磨盘大的树瘤，这树瘤有点怕人，像一只怪眼睛木愣愣地瞪着你。真的，要是一个人，我是不敢在树下玩的。守祠堂的树春大伯，笑话我的胆子比斑鸠还小，原来一窝斑鸠把窠筑在树瘤里了，这狡猾的家伙！铁蛋逞能要爬上去掏斑鸠，树春大伯跺着脚用烟锅指着吼起来：“小兔崽子，大树有眼！”铁蛋被唬住了，挠着脑袋看斑鸠飞出飞进，树春大伯哈哈笑得胡子乱抖。其实大青树是喜欢我们在它的树荫下玩耍的，就像树春大伯喜欢我们围着他听他“摆古”，摆完了就叫我们到山箐里给他提水来煨茶。大青树不要我们给它提水，它见我们玩得满头大汗，反倒用它的大叶子哗啦哗啦给我们扇凉风。这时候我觉得它的眼睛一点也不怪了，成了一个笑歪了的嘴巴。

最有趣的是晚上，月亮出来的时候，我们在大青树下“玩月亮”。

夏天的傍晚，潮湿的凉气从山林里吹来，从竹篷里吹来，从青蛙们咕呱

咕呱吵闹的水田里吹来，还从大青树里散发出来。大人们三三两两来到祠堂的大门口，坐在光滑的凉阴阴的石台阶上，悠闲地咂烟讲笑话。一条黄狗和黑狗在追逐打架。依沙大婶“儿弄儿弄”地叫唤着，追赶一只不想进圈的小花猪……这时候，月亮出来了！月亮，水灵灵嫩汪汪的月亮，它的光波笑眯眯地四处荡漾。我嗅到一股从天而降的气息，凉丝丝的，好像还有一种甜甜的润润的香味，是山林的香味？庄稼地的香味？还是河水的香味？大青树的香味？只觉得这香味在我的周围弥漫着，弥漫着，简直可以捧在手上！细细听，还有一种声音，不是虫鸣，不是风声，不是树叶摇晃发出的轻响，是什么声音呢？落在草棵上，落在一团一团的树冠上和竹篷上，落在瓦沟上，落在从牛圈里散发出来的可爱的气味上，难道是月光的声音吗？我惊奇得想大声叫喊。我的叫喊慢了一步，让依香抢了个先。依香一声“玩月亮啰！”把大树村所有的门窗都打开了——伙伴们又吼又叫跑了出来，跑到大青树前的场院上，围着圈儿“玩月亮”。依香领头唱了起来——

月亮出来了，
大家出来玩，
拉起手站成排，
月亮底下转圆圈。
手儿拉得紧，
脚儿齐又快。
脚儿齐又快，
圆圈转得圆。
转得圆，
转得欢，
多好玩呀多好玩……

我们的圆圈转得像月亮一样圆，月亮看着我们玩，高兴得颤抖起来，把温柔的光芒洒在我们汗湿的脸上和头发上。月亮也和我们一起玩，一起跳，和我们一起哈哈笑了。月亮的笑声把树洞里的斑鸠惊飞起来，它咕咕咕地叫着，说：“我也要玩月亮，我也要玩月亮！”可是它不敢飞下来，这憨斑鸠啊！大树有眼，月亮作证，我们绝不会捉你了！

夜石林

游人散尽了，夕阳的风吹拂石林。

安静了，一切都安静了。被太阳晒烫的石头在慢慢冷却。

这些举世无双的石头，照相机和导游小姐最忙碌的风景！

无数的脚踩踏它们，攀登它们。无数的手抚摸它们，敲击它们。无数的眼睛注视它们，欣赏它们。许多惊诧的声音赞美它们，崇拜它们。

白昼嘈杂的剑，穿透它们青灰色的坚硬的外套。

此刻，一切都安静了，安静了，石头们呼吸着晚霞里闪烁的星光的气息，沉默如石雕的哲学家。月亮出来的时候，它们扬起的脸庞光芒四射。

据说月亮上有许多永远冰冷的石头。是月亮上的石头向地上的石头问好吗？月光冷凉，落在一炷一炷的石头上，弹跳一下，碎了，溅成满地银花。

石林浸在月光里。

悠然想起一个小姑娘，想起小姑娘这样问妈妈：“夜里，石林睡觉吗？夜里，石林好玩吗？”

石林忍不住笑了，可爱的小姑娘哟！

这时候,虫们出来了。丁零,丁零,母蛐蛐叫,公蛐蛐叫。蜘蛛在月光下织网,蛛网一闪一晃地亮。一条蜈蚣从石缝里爬出来,又一条蜈蚣从石缝里爬出来,石头们痒酥酥地,想笑,月光颤颤如花瓣。鳞甲绿亮的秤杆蛇游过来了。青蛙、癞蛤蟆、田鼠、竹鼠和松鼠,还有穿山甲、蛤蚧,还有一只灰兔跑了过去。噪鹃鸣叫起来,山斑鸠拍着翅膀。打屁虫、大刀娘、蝎蛉、金龟子们复眼闪动,彼此用触须、长足和气味互致晚安。跳舞的跳舞;弹唱的弹唱,每一块石头每一茎草叶,都是虫们的婚床和乐池。月光的瀑布泻在石壁上。石头们身披新装,满怀喜悦地让浸透月光的木香花、紫藤、皂荚树、白蜡条、金竹、野玫瑰和洋槐的清香,从自己的缝隙和皱褶里流过。

呵,小姑娘!你说,夜里,石林睡觉吗?你说,夜里,石林好玩吗?

读写提示

这里选的，是一组以月亮、月光为题材的散文。

记忆里，我的故乡乌蒙山区地苦山寒，乌蒙山的月亮很瘦，亮蓝亮蓝的，带着霜冻落在脸上，身子骨都会打哆嗦。妈妈总是很晚才从地里回来。我和妹妹，站在晒场的高埂子上，看见山梁垭口出现一个黑影，黑影的边缘被山月镶了一道清白的亮边，那是妈妈。她背着一捆刺柴，顶着月色从山梁上下来了。我拉紧妹妹的小手，怕她呼叫奔跑时跌跤……

故乡的月，楚楚地叫人心酸，又有一种浓浓的化解不开的柔情。

我生性柔弱。这种性格在我散文写作上的反映是，我崇尚壮美与崇高，但又自觉笔力不足。我喜欢写水写月光写溪石写野花与树木。水与月是很有缘分的。“月光如水”是最美丽的比喻。

我用不同的笔墨写过怒江边的月色之美，写过滇池月光的歌唱，写过和母亲“走月亮”，和孩子们“玩月亮”，写过峨眉山洗象池那“又圆又大的月亮，稚嫩温和的月亮，绝对是一个刚从摇篮里醒来的孩子，白白胖胖的，笑容可爱得可以捧在手上。它的微笑在天空荡漾，照亮了云海，照亮了峨眉山”，等等。我不知道，这些写月亮、月光、月色的文字，寄托了我怎样的感情。它是宁静的，让人觉得淡泊而可爱。

情感是散文的血脉。写作听从心灵的召唤。在你灵动的描写中、叙述中和抒怀中，散文让我们找到生命的源头。

月色多美好！在美好月色的抚照下，我们焕然一新。动笔吧，亲爱的朋友！

第14堂课

聆听水声（上）

14

Lesson 14

歌溪

这是一条爱唱歌的溪流，村里的人们叫它“歌溪”。

歌溪的水多么清，多么凉啊！它从很远的山涧里流出来，它的两岸，是浓密的树林。

有一段，它的水是银亮的，闪着光，从长满苔藓的山崖上跳下来，溅起一蓬一蓬亮晶晶的水花。它在那里积了很深的水潭。歌溪的这一段像一个调皮的、不懂事的孩子，它的歌声有点粗野。

顺着一条光滑的石板，潭里的水急速地向下流淌。石板上披覆着长长的青苔，像鲜绿的丝线，又像姐姐的长发。歌溪的这一段像一个活泼的孩子，它的歌充满了欢乐。

慢慢地，歌溪变得文静起来。它静静地流着，流着。啊！它的水变得绿莹莹的了，是那掩映着歌溪的团团绿树化的吧？歌溪的歌声变得非常美妙。那一路的绿树林里，有无数的鸟儿在合唱。金翅鸟、杜鹃鸟、画眉鸟，这些有名的鸟中歌手，自然是最活跃的。无数的鸟的叫声在鸣啭，这里“咕咕”，那里“喳喳”，一片喜歌！就是嗓音很粗的大山雀、白头翁，也少不了要表演一番低音独唱，把“咕嘟噜，咕嘟噜”的叫声，拖得老长老长的。找工雀、布谷鸟的歌声，有时会盖过许多鸟儿的合唱。不过，谁也不会说它们骄傲。

更快乐的日子，是在夏天。歌溪这时涨水了，可还是那么清！它打着旋，在水面上泛起一圈一圈浮雕一般的花纹。脱光衣服，大声笑着，叫着，我们跳进水里去了，水花溅得老高！本来就活蹦乱跳的歌溪，响起一片打水声，笑声，喷鼻子声，以及故意的乱喊乱叫声，整个歌溪越发欢腾了。

我们比赛着游到对面，爬到一片被太阳晒得发烫的大石板上，平躺着，翻扑着身子，让太阳猛晒！晒够了，或一个跟着一个，或争先恐后地直往水里跳。扑通，扑通，歌溪里立即出现许多黑黑的小脑袋。我们一任自己高兴，在水里翻跟头，侧身游，仰面游，吼声叫，欢声笑，虽然被水呛得咳嗽，却还在撒欢地打水仗，水花在阳光下闪耀！

有时候，我喜欢一个人仰面朝天，躺在水上，任凭歌溪载着，随意漂流。我穿过浓密的树荫，柔软的柳条拂着我的脸，无比的凉爽使我有些害怕。稍稍闭一下眼睛，穿过树荫，我看着湛蓝的天空，一团一团的云朵，白得耀眼，在慢慢地移动。两岸闪着太阳的金光，鸟儿唱着，知了叫着，同伴们欢笑着。我不由得一个翻身，想一把抱住歌溪……

歌溪啊，你给了我们多少欢乐！

苍山溪水

大理苍山有十九峰十八溪，“一峰一泉相萦缠”，好山好水好玩。这十八溪也像十九峰一样，你很难记住每一条溪水的名字，更不要说把每一条溪水都游过来了。不过，你还是尽可以听听这些溪水的名字：霞移溪、万花溪、锦溪、灵泉溪、白石溪、双鸳溪、梅溪、桃溪、绿玉溪、龙溪、清碧溪、莫残溪……你就从这些美丽的名字来想象溪水的美丽吧！

沿着玉带路，我们要经过的龙溪、清碧溪，是这些美丽溪水的代表，它们中间隔着苍山的最高峰马龙峰。龙溪的龙女池有七潭，传说是龙王爷的七个宝贝女儿沐浴的清池。溪水——这溪水定然散落了苍山的雪花吧，它几乎是在一壁无比巨大的整块的溪石上流淌！溪石净洁滑润，布满云纹水纹的图案，有的被溪水冲刷出凹槽，有的旋转成深潭。透明的溪水带着雪峰的冰凉与圣洁，融化了阳光云影，融化了草树与花朵的清香，融化了鹰的飞翔与小鸟的歌唱，还融化了人们惊奇惊喜的目光。它对人们惊乍乍的叫喊和放肆的说笑还不习惯。它似乎想起了七龙女来沐浴的喜悦。那是月色清幽的夜晚，七龙女披一身月光飘然而至。她们一点也不怕冷，她们冰肌玉肤，她们嬉笑着，把水花泼溅成满天星光！它还想起老熊来喝水的情景，想起麂子、山狸、小刺猬来喝水的情景……“这些家伙躲到什么地方去了呢？”它想，“它们怎么不来和这几个孩子玩呢？”龙女池说的“这几个孩子”是我们吗？我们的手脚冻得通红，我们在溪流里捡拾彩色的溪卵石，惊叫和笑声滴落在溪水里。我们坐在水潭边，静静地看着池水的笑靥，一朵杜鹃花在水面打旋，在水面上流连。我们四仰八叉地躺在光洁的溪石上，微闭了眼睛，一任阳光和树影在眼皮上撩拨和闪烁，静静地聆听溪声，聆听苍山的心跳。龙女池哟！

比较起来，清碧溪的名气要大得多。清碧溪早在一些古书典籍中就有记载了。明朝大旅行家徐霞客为了探访清碧溪，一脚踩滑，跌在溪中，最后终于享受到了清碧溪“漾光浮黛，照耀崖谷，午日射其中，金碧交荡，光怪得未曾有”的美景。这美景成为万古流传的《徐霞客游记》的美丽动人的一页。大理名人李元阳对清碧溪也有一番描写，说是“水出山石间，涌沸为潭，深丈许，明莹不可藏针。小石布底，累累如卵如珠，青绿白黑，丽于宝玉，错如霞绮”。大画家徐悲鸿赞叹清碧溪的联语“乞食妙香国，销魂清碧溪”，刻在石壁上，映在溪水里。我们没有那么多的佳词丽句来献给清碧溪，我们想把它的美捧起来，就像我们想把龙女池的笑靥捧起来，你知道这恐怕不可能。但是，就在它晶莹地从我们的指间回到它的碧潭和清流时，它巧妙地用无与伦比的冰凉把它的美印染在我们的心头了。我们喝着泉水，吃了馒头，还有豌豆粉蘸油辣子。溪畔的一丛杜鹃花可以作证，这简单的吃食使我们满足。从此，走到天涯海角，我们的心里都有清碧溪的水香了。这时候，一只小黑狗不知是想喝水还是要捉水里的影子，竟一下子跳进水里，冷得它蹦到岸上就是一个“阿

秋”，呵呀，满山谷都是清碧溪的笑声了！

几个美术学院的女学生，挎着画板，来清碧溪写生。水怎么画呢，水在这里是清凉的，冷冽的，而且是透明的。我们看见溪水里有许多彩色小石子，小石子晃动着像是要漂上来。有云彩从水面滑过，小石子们像见了老鹰的小鸡，倏地躲到云影下面，而且吓得失去了光彩。云影一过去，它们又挤眉弄眼地说说笑笑了，好像有什么喜事要告诉你，又好像在逗你，叫你下去和它们玩。穿着白裙子，和我们站在水边看花石子的女学生，是不是听到了花石子们的笑声和说话了？她把画板轻轻放下，挽起袖子就去捉花石子。可是怎么捉得到呢？只听她“哎哟哟”叫起来，说水咬她的手了。白嫩的手臂一下子就红起来，果真被水“咬”了。她的同伴笑说：“憨包，这是从雪峰上下来的水，冰凉着呢！”又说这些花石子养在清碧溪里都成精了，哪能去捉它们，说不定它们就是李元阳、徐霞客笔下的那些花石子呢，你忍心捉它们？女学生不好意思了，笑说：“那我就画它们吧！”

我们原本也想捡些花石子，看着女学生画了一阵，这个念头就彻底打消了。女学生把清碧溪的花石子画在纸上，我们就把清碧溪的花石子画在我们不会褪色的记忆里吧。

读写提示

方卫平教授在《阅读吴然：散文的色彩、声音及其他》一文中说：“吴然的儿童散文在呈现儿童视角时的天然与自如，让我们几乎辨不出任何来自作家本人的成年视角的痕迹。他喜欢用‘我’和‘我们’这样的第一人称展开叙述和描写，这个叙述声音所包含的童年的单纯和稚趣，让我们在读着这些文字的时候，仿佛听到了一个如歌溪般清脆、清澈的童声。”借此，我们就来看看《歌溪》吧！

是的，散文是有声音的。《歌溪》写一条会唱歌的溪流，整篇文章就充满了声音。这声音有的是溪流的歌唱，有的是沿岸的树林里那无数的鸟儿的鸣唱。“这里‘咕咕’，那里‘喳喳’，一片喜歌！就是嗓音很粗的大山雀、白头翁，也少不了要表演一番低音独唱，把‘咕嘟噜，咕嘟噜’的叫声，拖得老长老长的。找工雀、布谷鸟的歌声，有时会盖过许多鸟儿的合唱。”还有就是孩子们游泳时的“一片打水声、笑声、喷鼻子声，以及故意的乱喊乱叫声”。

诗人、儿童文学理论评论家樊发稼，在一篇关于《歌溪》的赏析文章《激发热爱大自然美好情感的美文》中，也谈到《歌溪》的声音，并认为“这篇作品无疑可以激发广大小读者热爱大自然的美好情感”。

“歌溪”无疑给了我和我童年时代的伙伴许多快乐。而我用散文的声音，把这快乐传达给了读者。“我不由得一个翻身，想一把抱住歌溪……”可否说这是“我”或我们想留住这美好的童年时光？借用阿·格林伦的话说，但愿我的作品能够活跃着我们“早已消逝了的童年时代的情景、气息、趣味和笑闹声”。

第15堂课

聆听水声（中）

15

Lesson 15

一碗水

我们村后是密密的树林。

阳光透过树荫，照亮爬满石壁的过山藤，照亮石壁上潮湿的苔藓。石壁下有一眼很小很小的泉水，叫“一碗水”。这眼从石缝缝里浸出来的泉水虽然小到只有一碗，可是一年到头都不会干涸。有趣的是，它总是满满的一碗，既不浅下去，也不漫出来。你可以一口气把它喝干，它呢，又会不紧不慢地浸出来，浸得满满的。

小小的泉水虽然只有一碗，可是我们喜欢它。我们上山砍柴或者拾菌，一定到这里来歇气、喝水。我们坐在树荫下，坐在石墩墩上，吃着各自带来的晌饭：粑粑、饭团，或者架起刺柴火烧洋芋……你吃一点我的，我吃一点他的，树叶卷成的“杯子”里盛满清清的泉水，我们像大人一样举杯高呼：“干杯！”

有时候我们看见小松鼠来喝水，看见山喜鹊来喝水，还看见过一群竹鸡来喝水……你信不信，连蝴蝶、蜜蜂也来喝水！我们会躲得远远的，不惊动这些树林里的小主人。

你看，小松鼠竖着毛茸茸的尾巴，小眼睛那么亮！它喝了一口水，很快地用脚爪揩揩嘴，“吱吱，”它说，“好甜的水，好甜的水！”

山喜鹊飞来的时候，爱在那棵青枫树上停一停。有一只先飞下来。“鹊！鹊鹊！”它这是在招呼同伴，“快，快来呀！”大家都飞下来了，它们在水边跳跃着，跳跃着，潮湿的沙地上，留下它们的爪印。哟，潮湿的沙地上，有很多爪印，还有野兽的足迹呢！山上的各种禽鸟、野兽，一定常常到这里来喝水，到这里来聚会吧？

离泉水不远有一块草地，茸茸的嫩草，缎子般闪着绿光。红红的小花、黄黄的小花和蓝晶晶的小花，杂开在绿草间，星星一样好看和鲜亮。我猜想鸟们喝了水，会到这块草地上来做游戏。我把我的猜想告诉胖子阿兴，阿兴

说我的猜想正对他的心思。他说有一次他在草地上拾到过一根美丽的锦鸡的羽毛。“那一定是鸟们做游戏时丢下的。”他说得非常肯定。啊，有多少次，我、阿兴、喜翠，还有嘉桂，我们悄悄躲在树丛里，想看看鸟们在草地上做游戏，或者跳舞！可惜，我们没有看到。

但是有一次，我们看到一只小麂来喝水。它的耳朵抖动着，抬着头到处张望。这个小傻瓜，朝我们藏身的树丛看了好一会儿，也没有看见我们。它低下头去喝水，喝了水又朝我们这儿望着。阿兴忍不住，冲了出去，受惊的小麂折头就跑，一下子钻进了树林……直到现在我还在想，小麂准是看见我们了！如果不是坏阿兴，它会向我们走过来吧？

这就是“一碗水”，我们村后树林里的一眼小小的泉水。它从不干涸，总是满满的一碗！老辈人说它是一眼灵泉。哦，难怪鸟儿们喝了它的水，唱得那样好听；小松鼠喝了它的水，显得那样机灵；村里的娃娃们喝了它的水，一个个又是那样的聪明……还是上中学的阿哥说得好，它是大山的乳汁。哟，它的水多甜啊！

翠湖二题

小船悠悠

翠湖漂着小船，漂着快乐的星期天。

爸爸放下了书本，放下了丁字尺。妈妈放下了毛线，放下了菜篮子。我放下了数学题，放下了英语单词。

食品袋，装满鸡蛋糕、苹果和香蕉。云一样轻松，我们去翠湖划小船。

小船悠悠。又惊又喜，划破水中的蓝天。

白云的笑声，拍打船舷。

咬一嘴红苹果，又香又甜。

从来没有看到，爸爸这样年轻，妈妈这样漂亮！一起唱《让我们荡起双桨》，一起唱《聪明的一休》。

小船悠悠。穿过九曲桥，穿过燕子桥。轻轻地，别搅乱柳丝的垂钓。钓到鱼儿了吗？只钓到翠绿的影子？只钓到金黄的星星花？只钓到片片流霞？哈哈！

来吧，蜻蜓！来吧，小鸟！到我们的小船上来，我们做朋友吧！告诉我，你们捉了多少蚊虫？告诉我，你们也喜欢星期天吗？

来吧，爸爸！来吧，妈妈！用力划，我们用力划，超过前面那位叔叔和阿姨。尼龙伞下，他们是不是在说悄悄话？

木桨旋起圆圆的笑声，旋起圆圆的酒窝。爸爸脸上少了皱纹，妈妈脸上多了红润。哈，我的脸上划过小红鱼的快乐！

悠悠小船，漂满翠湖；小船悠悠，装回一个翠湖，一个快乐的星期天！

湖心亭

这里有鱼，有荷花。

妈妈带我去看鱼，去看荷花。

给鱼儿们，带上面包，带上米花和饼干。给荷花呢，只带上我的眼睛，只带上我幻想的心。

刚刚下过一场雨。池水平静，受惊的鱼儿，都在荷叶下躲藏。碧绿的荷叶，捧着饱满晶亮的水珠，捧着千万颗太阳。出水荷花，沐浴过雨水，明亮如朵朵烛光，又新鲜，又清香。红的蜻蜓，黄的蜻蜓，摇闪着丝丝阳光。它们停落在荷花上，停落在荷叶上。

“鱼，爷爷，鱼！”穿黄背心的小弟弟，在老爷爷身边跳跃。

鱼出来了，从荷叶底下出来了。

红背脊的鱼，青背脊的鱼，乌背脊的鱼，还有背脊上有许多斑点的鱼，它们游出来了。吹一个水泡，扭一下身子，看它们多淘气！

米花撒下去，面包屑撒下去。争抢吧，争抢是可以的。呀，大鱼干吗欺负小鱼！

溅起了银亮的水花，溅起了银亮的阳光和笑声。快乐的湖心亭！

小弟弟的米花撒完了，他撒着惊奇的目光。给他一把米花，得到一声“谢谢姐姐”！我们一起撒米花，撒六月的雪花！撒妈妈吻着我的笑，撒老爷爷抱着他的笑。

湖心亭，鱼的家，荷花的家，阳光和笑声的家！

哦，妈妈，让我去当一会儿鱼吧。让那条小红鱼变成我，让她来为我撒米花。或者，让我当一会儿荷花吧，让风，让阳光，托着我的清香，在我们幼儿园小朋友中间飞翔……

读写提示

我第一次也是第一篇在《儿童文学》杂志发表的作品，是连题目、标点只有 1071 字的散文《一碗水》。

1983 年 12 月 28 日，昆明下了一场据说是百年不遇的大雪。人们都涌到街上踏雪赏景，因下雪停课的孩子们，更是像过节一样，打雪仗，堆雪人，欢天喜地，乱作一团。这一天，云南儿童文学界的朋友们聚集在一起，气氛热烈地讨论云南儿童文学的前景，在春城飞雪的惊喜和快乐中，提出了要以新的阵容“走向京津沪”。就在这一天，在大雪纷飞中，我把《一碗水》投进了绿色的邮筒……差不多半年以后，我收到了《儿童文学》杂志寄来的样刊，《一碗水》配了图，刊发在 1984 年第 5 期上。我敲开了儿童文学之门，取得了儿童文学的“入场券”！我是那样兴奋地读着似乎还带着墨香的文字：

我们村后是密密的树林。

阳光透过树荫，照亮爬满石壁的过山藤，照亮石壁上潮湿的苔藓。石壁下有一眼很小很小的泉水，叫“一碗水”……

这些曾经熟悉的反复琢磨过的印成铅字的文字，是我写的吗？我有一种小时候和伙伴们品尝甘甜的“一碗水”的感动了。

虽然《一碗水》是由早年的童年记忆而引发，但我不是写成一篇成年人对过往时光的回忆文章，而是如孙建江先生所说，把“过去时”提到了“现在时”，提到了“当下”，以儿童的视角，用第一人称来描写山村孩子享受大自然的乐趣。这样就拉近了和读者的距离，让读者感到亲切。我还有一个潜在的想法是，要让今天的孩子，特别是城市里的孩子，嗅到、感受到山野间那种“洋溢着鸟唱虫鸣、林泉芬芳的气息”，从而唤起他们对大自然的向往与热爱。

聆听水声（下）

第16堂课

16

Lesson 16

碧塔海

是谁最先喊出这两个字：碧塔！

是追赶老熊的猎人吧。五月，正是杜鹃花盛开的时候。一位剽悍的康巴汉子，一位猎人，追赶着一只老熊。老熊在一片冷杉林里消失了，连最聪明的猎狗也找不到它的踪影。可是这时候，我们的康巴猎人看到了什么啊，他看到一片蓝天落在森林里，呵不，是湖水清澈的眼睛在向他微笑。他看见，云朵在湖里散步，雪山像一颗钻石沉落湖底，而杜鹃花的花瓣，在湖面漂成天边的流霞。是什么声音，什么声音？猎人听到了什么声音？是花朵开放的声音，是云彩和鱼儿说话的声音，是阳光落在蜻蜓翅膀上的声音……猎人惊奇了，他忘记了他的猎物，他喊出两个字，喊出他心中的声音：碧塔！

是谁最先喊出这两个字：碧塔！

是采松茸的少年吧。下了一场雨，又下了一场雨，松茸宝宝醒了，从落了松针和栎叶的暖和的黑土里长出来了。这时候，少年们来了，来采松茸了。他们唱着："松茸哟松茸，你不要躲起来，山神告诉我你躲藏的地方，我闻到了你的芳香……"这是传统的歌声，就像我们曾经在林中小路上听过的一样。少年们唱着歌来了，他们要把松茸装满竹筐。可是少年们为什么不唱了，为什么把嘴巴张得那么大？一个蓝色的湖，一个蓝色的湖像一只受惊的小鹿，阳光正把它抱在怀里，抚慰它微微颤动的幼体。“树胡子”无声地笑了，毛冠鹿知道不会有猎枪对着它，它在欣赏松雀鹰和藏马鸡的捉虫游戏……少年惊奇了，他们忘记了松茸，他们唱出少年的歌：碧塔！

是谁最先喊出这两个字：碧塔！

是朝拜神山的老人吧。老人也许来自雪域峡谷，老人用身躯丈量着转经路，他匍匐而来。三色经幡飞扬在鹰的天空，转经筒转着嗡嗡的向往。或者，老人来自草原牧场。那里，草的绿色已被秋风抹去，天空飘落的云霞燃烧成一片火红的狼毒。一袋糌粑，一只铜壶，一盏心灯，粗糙地，滚烫地，转经路上，烙下老人的脚印。在一个篝火燃尽的夜晚，老人在梦里仿佛听到神的召唤，他醒来了。月亮，巨大无比的月亮，在老人面前闪闪发光！大地银白，融化了天光星空，融化了雪山、长风和流云，融化了老人。老人的敬畏无以复加，月光荡漾，举起他祝福的哈达，月亮里的鱼儿听到他的祈祷了：碧塔！

是谁最先喊出这两个字：碧塔！

呵，这已经不重要，而且也没有人知道。在有人喊出这两个字之前，这里已经在这两个字里生活了很久很久。如今，我们也是为这两个字而来，在草滩，在湖湾，在阳光像花朵一样芬芳的林间，我们轻轻，轻轻地呼喊，生怕惊吓了这两个字哟，碧塔！

现在让我告诉你，“碧塔”是藏语，译成汉语叫“幽静”。

珍珠泉

我们村子前面的小山包，远远看去，真像一个绿色的大绒团。山包上，树很密，草很深，花很多。一条石板铺成的小路，弯弯曲曲地穿过小山包的密林。石板小路的尽头，有一眼清泉，叫“珍珠泉”。

这是一潭深绿的泉水。周围镶嵌着不大整齐的石头，石头上敷了一层黑里透绿的苔衣，你要是踩上去，准会滑倒。那绿得没有一点儿杂色的蕨草，悄悄地开放着的花朵，给它编了个朴素的花环。蕨草宽大的叶片，有的能拂到水面，花儿们却只是静静地投下自己的影子。水是那样绿，绿得像周围的绿树、绿草染的。水是那样深，又那样清，清得能看见潭底的青褐色的石头，看得见沉积在潭底的沙粒和那已经发黑的树叶。啊！还有谁的一把小刀掉进了潭里，那刀在潭底闪着亮晶晶的光。可惜没有鱼，是水太清太冰凉了吧？

最有趣的，当然是那些晶亮的、饱满的、一嘟噜一嘟噜从潭底冒出来的水泡儿了！开始，水泡们很小，摇晃着越升越高，也越来越大，最后在水面绽开了，在一个“扑哧”的笑声里，消失了，融在潭水里了！有时候，透过密密的树叶，太阳筛下那一束束美丽的金光，一直照到水面上，照到潭底青

褐色的石头上，照在正在升起的水泡上。水面和潭底，闪着金色的光斑、银色的光斑；水泡闪亮闪亮的，射出红的光、黄的光、绿的光、紫的光……多像一串一串的彩色珍珠啊，简直可以一颗颗捧在手上。

这就是美丽的珍珠泉，这就是我们村的珍珠泉！

不用说我是多么喜欢珍珠泉了。我很想知道，它哪来这么多冒不完的水泡？在小河断流的时候，在村里的井水干涸的时候，它还是那样不停地冒着水泡。难道是许多快乐的孩子，躲在什么地方吹泡泡玩儿吗？他们一定玩得很高兴，一定把泡泡当珍珠了。每次，挑着阿爸特地给我做的小桶，来到珍珠泉边，我就这么想。

啊，挑着满满一挑水，走在林中的石板小路上，我泼洒了多少珍珠啊！——为去追一只小鸟，或者忙着扯路旁的一朵小花。

读写提示

在这组“写水”的作品中，我们从《碧塔海》听到“幽静”，从《珍珠泉》听到水泡在水面绽开时一个“扑哧”的笑声……我们就说说《珍珠泉》吧！

《珍珠泉》先是2001年选入人教版九年义务教育六年制小学教科书《语文》第七册，随后2003年又选入义务教育课程标准实验教科书《语文》三年级下册。2004年北京版亦选入“北京市义务教育课程改革实验教材”第七册。人教版编者在“阅读提示”中希望同学们“读读课文，看看作者描述的泉水是什么样子的；一边读，一边想象课文描述的情景，一边读，一边体会作者表达的感情”。这几句话似乎也是对我说的。不过这份“提示”作业还是让同学们来做为好，我只说说写作这篇散文的一些情况。

昆明西郊的安宁温泉，有个曹溪寺，曹溪寺旁有一眼不断地冒着水泡的“珍珠泉”。每次去曹溪寺，我都要去看珍珠泉，真想把那些水泡捧起来！这“珍珠泉”三个字，不断在我脑子里闪现，不断让我产生联想。我想起我的老家宣威，我出生的小村子龙沿村，村子后面有一片密密的树林，有一个大塘子。村子前面的小河，弯弯的，被枝叶垂到水面的柳树掩映着。后来树林被砍掉了，大塘子干掉了，小河也常常断流。在我们村子附近，那些年唯一保存下来的一片树林，就是彝族寨子前面的“祭山树”了。这里是举行祭祀活动的地方，平常不准人进，有些神秘。我想象，那里面应该有一眼泉水，一眼像曹溪寺珍珠泉一样的泉水。想象，想象，想象成了《珍珠泉》这篇用第一人称写的儿童散文。开头第一段就是这样写的：

我们村子前面的小山包，远远看去，真像一个绿色的大绒团。山包上，树很密，草很深，花很多。一条石板铺成的小路，弯弯曲曲地穿过小山包的密林。

石板小路的尽头，有一眼清泉，叫“珍珠泉”。

这篇短小的散文，就围绕着“珍珠泉”展开了。在开头第一段点题后，紧接着写的是珍珠泉的情态和周围的环境：石头镶嵌，花草绿树环绕，水色深绿，等等。这是重要的，因为只有这样好的自然环境，才会有珍珠泉这样的泉水。写的时候，我用了形象的、想象的语言，比如这样写周围的花草树木：“那绿得没有一点儿杂色的蕨草，悄悄开放着的花朵，给珍珠泉编了个朴素的花环。”写泉水的绿色，则是说“绿得像周围的绿树、绿草染的”。说到泉水的清澈，如果只简单地说句“清澈见底”，不会给读者留下亲切具体的印象。而说“清得能看见潭底的青褐色的石头，看得见沉积在潭底的沙粒和那已经发黑的树叶”，这样，清澈的泉水就好像在眼前了。接下来是集中笔墨着重写珍珠泉“最有趣的”，也是珍珠泉本身最主要的特色——“那些晶亮的、饱满的、一嘟噜一嘟噜从潭底冒出来的水泡”。这一段在写作上的特点是“在运动中”描写水泡，尽量把水泡写“活”，注意到有光有色，还用了点拟人化的手法，如说“开始，水泡们很小，摇晃着越升越高，也越来越大，最后在水面绽开了，在一个“扑哧”的笑声里，消失了”。当看到水泡在阳光下“闪亮闪亮的，射出红的光，黄的光，绿的光，紫的光……”的时候，同学们也会发出“多像一串一串的彩色珍珠啊”的赞叹吧？

应该说，对珍珠泉的直接描写，到这里就算完成了，同时也表达了对珍珠泉对家乡的热爱之情。但是，如果文章只写到这里，就还显得单薄。同学们恐怕也会和文章里的“我”一样，很想知道珍珠泉“它哪来这么多冒不完的水泡？在小河断流的时候，在村里的井水干涸的时候，它还是那样不停地冒着水泡”。也会引发这样的想象：“难道是许多快乐的孩子，躲在什么地方吹泡泡玩儿吗？他们一定玩得很高兴。”美好的想象是因为珍珠泉带来了快乐。而很想知道的“为什么”，文章从第一句“我们村子前面的小山包，远远看去，真像一个绿色的大绒团”开始，就在回答。找找看，我相信同学们一定会找到答案。

第17堂课

那些好吃的东西

17

Lesson 17

火腿香

我的老家出火腿，出“宣威火腿”。

宣威火腿雅称云腿，据说是华夏三大名腿之一。乡人颇感自豪的是，早在1923年，宣威火腿就在广州的一个名特产品赛会上夺得优美奖章，孙中山先生挥笔写下“饮和食德”四字题词。宣威火腿于是名声大震，香溢四海。

对我来说，宣威火腿无疑凝结了更多的乡情与亲情，它的香味刻骨铭心。

宣威人称肉为“嘎嘎”。昆明人也这么叫，想必是昆明人不耻下问跟宣威人学的。昆明人最爱吃的“嘎嘎”，不就是我老家宣威出的火腿么？这样的土话出自宣威的可能性更大。你知道从前宣威苦寒，比一般说的“穷”还雪上加霜，把“肉”奉为神圣之物绝等佳品，喜爱里有许多虔诚，也有了“嘎嘎”这样的昵称。一片油噜噜的咸香的火腿嘎嘎，叫人馋得猫抓火燎！

说来也怪，宣威这块原本很穷的地方，乡民对养猪好像有一种天然的爱好。作为一个宣威人，此刻说到养猪，甚至还勾起我对儿时找猪草的神往，也自然想起山村的一些农家乐事。特别是每当喂猪的时候，几家人合住的院坝里同时放出一群猪来，黑的，白的，花的，棕红色的；大的，小的，肥的，瘦的……

各种各样的猪儿，摇尾巴，扇耳朵，拱过来，窜过去，多热闹，多有趣呀！这时候，母亲总是拿着猪食勺，守候在食槽旁，听着猪儿吞食、咂嘴的声音。有时轻轻地给猪抓痒，有时用手比量着猪的长度，称赞猪肯长；有时亲昵地骂几句，又“儿浓，儿浓”地叫着，哄着……

云腿之乡啊，我的老家！喂不起猪，会被认为没有本事，是穷和懒的标记，让人看不起。一向好强的瘦弱的母亲，不管怎样艰难困苦，省吃俭用，她好歹要喂头猪。我永远记得，母亲切猪草的神情，是那样的动人。她不知切钝了多少把菜刀，剁烂了多少块菜板。曾经有多少次，菜刀伤了她的手，血滴在猪草上，她还是唰、唰、唰地切啊，切啊……切着猪草，母亲脸上弥漫了温和的笑影。这笑影里有自信，也有希望。

过年杀猪是一件大事。家乡人讳忌一个“杀”字，不叫“杀猪”，叫“洗猪”。在靠近水井的菜园里，挖个锅洞，用土基支口大锅烧热水。锅边铺一张长长的柳条编的“垫笆”——这垫笆平时是垫在牛车上用的。猪杀翻以后，先要拔下一溜猪鬃——以后卖给土杂店——才抬到恰到好处的热水锅里，烫洗刮毛，打整得白生生的。开膛破肚后，四脚张开，趴在一张方桌上。我捂着耳朵放了一串鞭炮，母亲把三炷香点燃，插在桌前，默念着“阿弥陀佛”，悄悄地回到灶台前，去准备这一天丰盛而又神圣的“年猪饭”了。猪头卸下来以后，置于托盘，由长者恭敬地端着供奉在“天地国亲师位”前，一家老小虔诚跪拜后，算是结束了“洗猪”仪式。

火腿的腌制就讲究了。第一要紧的是盐巴。早些年，用的是井盐和川盐。井盐以禄丰龙川江的黑井盐为上品，川盐一般说的就是自贡盐。不论黑井盐还是川盐，那些年都由马帮驮来，形如腰鼓，架在马驮子上，故而又称“驮子盐”，十分金贵。我父亲长年在外谋生，杀年猪、腌火腿都是四叔操办。四叔无疑是腌制火腿的好手。他的经验只有四个字：用盐用力。为给乡邻腌火腿，他的一双手被盐巴浸得白扎扎的，开了裂。他似乎已经忘记了盐巴抹在伤口上的疼痛，他对腌火腿乐此不疲。火腿和正菜（宣威人称腊肉为“正菜”）要一齐腌。腌之前不能沾水，倒是可以喷几口酒。一坨一坨的驮子盐在盐臼里捣碎后，四叔先在火腿和正菜上细细地撒一层，不一会儿，猪的皮肉上便冒汗一样，冒出些水珠珠来。待“水珠珠”冒了一阵，四叔才挽起袖子，拿起事先从火腿的边皮揩下的一块肉，蘸了盐末，双手在火腿和正菜上用力搓揉。如何用力，哪些部位用盐多少，都在他的心中和手上。冬腊月，大冷的天，他的额头上倒冒起“水珠珠”来了。腌火腿是格外地认真，格外地小心，翻过来翻过去地搓揉、拍打，特别是那骨缝处，还要多塞盐末。除了火腿和正菜，还要腌猪头、脖项。一个整猪腌下来，得半天工夫。这道首要也是很重要的工序完成以后，猪头、脖项垫底，依次把火腿、正菜码放在大铁锅里，用木板盖住再压上两扇磨盘，

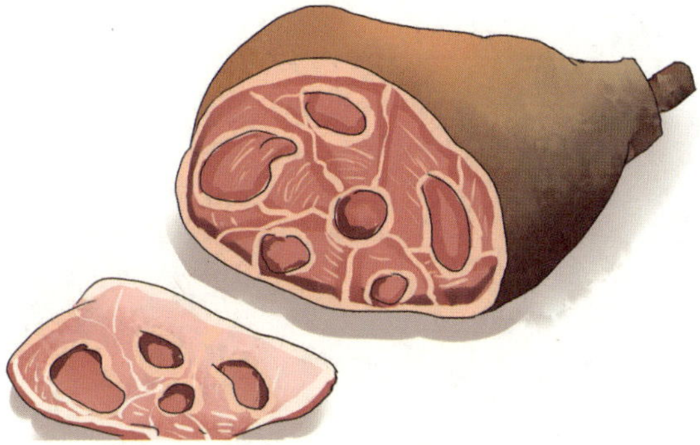

中把它们拎起来，挂在通风的楞棚上，交给时间，交给霜风雨雾、朝霞月色去酝酿熏染它们，特别是火腿的成色和美味。

季节又到了“洗猪”、腌制火腿的十冬腊月了。只是儿时的那份热切的盼望和激动已经远去，那些最想吃火腿而不得吃的年代也已经过去。超市里，火腿那个多啊！但是火腿的香味不会飘散。这天我陪九十多岁高龄的父母亲晒着太阳，母亲突然说，她梦见一群胖嘟嘟的猪儿，在她面前拱过来拱过去的……我看着母亲一脸的祥和，猜想往昔的岁月正缭绕在她心里，同时也勾起我许多童年记忆。我对耳朵有点背的母亲说，我去超市买火腿吧。母亲说：“炒吃太咸，要煮吃。”我笑了，我看见我爹正在很享受地咂嘴。

风吹豆豉

来来回回，到过弥勒好多次，每次都带回一样东西：风吹豆豉。

豆豉是民间平常的食品。云南的豆豉多了。有妥甸豆豉、易门豆豉、太和豆豉，等等，各有特点，各长其味。我们老家滇东北的干豆豉、辣子豆豉，在火塘边烤黄了，拼成小块小块的，撒点盐巴，和着酸汤下苞谷饭，不能说不是农家清贫中的享受。多少年了，对我来说，干豆豉的香味已经变得遥远。只是在尝到弥勒的风吹豆豉以后，那特殊的风味引起我对家乡口味的对比，才在绵绵乡情中怀想到干豆豉、辣子豆豉，想到那亲切温厚的辣香，怎样抚慰了我苦涩的童年。不过此刻，说的只是风吹豆豉。

我不知道这风吹豆豉是否如一些朋友喜欢说的也“积淀”了某种“文化”。不过，风吹豆豉看来似乎只能是弥勒这块土地的特产。黄豆是精选的，颗粒纯净。制作又是最地道的：蒸煮、发酵、配料，然后装罐渍腌。可是三个月后，打开陶罐，并无异香，但见一层薄薄的霉斑霜花。坏了吗？在倒掉几罐以后，有人觉得可惜，摊开在竹席上风干。结果，“霜花”自然是化尽了，而咸香、浅辣、微甜，则在风中细细飘散，独特诱人。“风吹豆豉”因此得名。偶然中包含着必然。那是许多年前的某一天，一个太阳晴好的日子。曾说弥勒的风都是甜的，这风吹豆豉是最好的物证。弥勒出糖，出葡萄，是糖乡，葡萄酒乡。风吹豆豉的咸香、浅辣，特别是微甜，不正是弥勒甜风熏染的吗？此外还有什么呢？如果你到过开着荞子花的阿细山寨，到过石头被太阳晒得发烫、远远地有一棵孤独的树、山坡上有一群羊的阿细山寨，或者你还有幸在阿细人的火塘边喝过茶、咂过烟，被阿细人邀请喝酒、吃肉，甚至和阿细人围着篝火“跳月”，那么你也许会在风吹豆豉里品尝到更多的滋味。

至于风吹豆豉的吃法，很是简单。讲究点的，炒上些火腿肉丁。平常人家，和着青辣子或糊辣子一炒，满院子香，实在是下饭的佳品！

总看见几个孩子，喜欢端了饭聚在巷口吃。白花花的米饭，一箸青菜，几片牛干巴，一撮豆豉，还你吃点我的，我吃点你的，煞是有趣。真想问问：油汪汪的黑红黑红的那一小撮，是风吹豆豉吗？

读写提示

汪曾祺先生称云南是他的第二故乡。1938年，刚满18岁，他就辗转来到昆明，在西南联大读书。汪老离开昆明40年后，1987年4月第一次重返昆明。一到昆明他就“跑去吃米线，像当年联大学生一样站着吃”。汪老是著名作家，同时是一位美食家，会做许多菜，但都是家常菜。正如“米线”，在昆明，甚至整个云南，都是最普通最平常而又人人爱吃，想吃的，比有名的“过桥米线”还要受欢迎，是真正的民间“小吃”。曾经热播的《舌尖上的中国》，说的是“好吃的东西”在民间。

我想起2010年12月，我应教育家李庆明先生的邀请，到他任校长的深圳南山学校，参加学校举办的首届民俗活动，并和师生们交流。学校每周二的晚上，都有“相约星期二作品朗诵会”。我去的当晚，在学校教师书吧举行的是“相约星期二·第八期——学校旁边一条河——童年·乡土·文学”作品朗诵会，即是朗诵我散文集《学校旁边一条河》里的作品。一位我的云南老乡，朗诵了我另一本书里写吃“油粉”的一段——

凉米线在云南到处都有，不稀奇；豌豆粉呢，各地也有，可是下关的就不同了，下关豌豆粉叫“油粉”！这油粉说是用麻豌豆做的，硬铮；更特别的是，油粉里面夹“锅巴”，筋骨好，味道浓。我们把一个白族大嫂的摊摊团团围住，吵着要这要那。大嫂笑呵呵地把小瓷碗涮干净，抓一撮腌萝卜丝和酸腌菜垫底，切一块油粉打成条放在碗里，布上酸醋酱油辣椒碎核桃花椒油，你就舔嘴咂舌地吃吧！几个小姑娘的吃法又不同。她们两角钱买一块油粉，用瓜叶或者树叶垫着捧在手上，挑一坨油辣子抹在上面，一边蘸一边吃。她们哧哧哧笑着，辣得又吸嘴又伸舌头，小脸红扑扑地嫩，眼睛水灵灵地亮！我被逗得也买了一块油粉，朝她们挤挤眼睛，很满足地把一份又辣又香的快乐也捧在手上了……

读完，她讲起了在老家个旧吃豌豆粉也就是“油粉”，眼睛红红的，让我和在场的老师们都很感动。可否说，这些浸透在味觉里的记忆，也是一种抹不掉的舌尖上的“乡愁”？

写这类作品，要注意抓特点，包括有什么传说、故事，怎样制作、怎样做才好吃？尽可能保留民间的乡土的味道。如《火腿香》一文中，母亲喂猪的情景，四叔对宣威火腿的腌制；《风吹豆豉》中关于“风吹豆豉”咸香、浅辣、微甜与弥勒盛产甘蔗红糖的联想、猜测等。

第18堂课

人与自然（上）

18

Lesson 18

那只红嘴鸥

昆明的冬天是温暖的。

眼下正是所谓寒冬时节吧。可是，天空高蓝，柔亮，云朵又轻又软。路畔的小草，有的枯黄了，但有细嫩的根芽在萌生。一些树落了叶，但也有许多树保持着葱茏的绿色，而且绿得很鲜，很嫩，叶片儿很干净。吸一口清芬干爽的空气，甜津津的，叫人鼻孔发痒。看一看吧，山茶花开着，杜鹃花开着，玉兰花开着，月季花开着，连叶子花也开着！花丛中不时飞起的蝴蝶、蜜蜂，搅乱了丝丝阳光……

突然，翠湖亮洁的水面，玉带般绕城流过的盘龙江清碧的水面，飘落一片银色的瀑布！是雪花吗？昆明人太喜欢雪花了。你看小学生们仰着脸，盼望雪花亲吻他们红扑扑的脸蛋的情景是多么动人。昆明的冬天，偶尔也会下场雪，飘几片雪花，好给昆明人一种喜悦，一种新鲜，给嘻嘻哈哈忙着照相的男男女女，留下几个珍贵的雪景镜头。而此刻，和阳光一齐飘落的银色瀑布，当然不是雪花。昆明人的脸上绽开明媚的笑容了。那和雪花一样，甚至比雪花还使他们兴奋，使他们动情的，是红嘴鸥，是从西伯利亚飞到春城昆明过

冬的红嘴鸥！说来已经有好几年了，红嘴鸥总在冬天飞来，用欢快的鸣叫，赞美昆明的温暖；用银亮的飞翔，擦拭瓷器般的蓝天……昆明，确乎因为红嘴鸥的光临而更富魅力了。然而，红嘴鸥带给这座城市的，远不止是奇美的景观。它带给昆明人多少美好的感情啊！

我想起一只红嘴鸥来。是几年前红嘴鸥第一次飞临昆明的时候。不知来自何方，成千上万的红嘴鸥，雪花一样，银子一样，突然间翔集于阳光亮丽的昆明，啾啾鸣叫，穿梭翻飞在盘龙江和翠湖。人们起初惊恐，接着惊奇，惊喜！可有人脑子一转，想到这是千载难逢的生财之机。他们用昆明土话称红嘴鸥为“水鸽子”，明目张胆地捕杀这些鸟儿，想象着红烧、油炸，摆一个“水鸽子”摊子……骑车经过得胜桥那天，我看见一只被人用气枪击中的红嘴鸥。它落在水面上，拍打着受伤的翅膀，殷殷鲜血染红了洁白的羽毛，染红了一片冰凉的河水。它没有鸣叫，倒是围着它飞翔的、不忍离去的同伴，发出了痛苦的哀鸣。很多人都在桥上看着。就在持枪者拎着网兜走到河边，准备打捞他的猎获物的时候，人群中突然爆发了愤怒的吼声：“混蛋！”“不要脸！”“残忍的家伙！”人们用诅咒的枪弹向他射击。那人惶恐了，用网兜掩着脸逃走了。那只红嘴鸥呢，已经无力扇动翅膀，它动了动脖颈，向桥上的人们看了最后一眼。它死了。河水漂载着它穿过桥洞，人们从桥这边奔到桥那边，目送它远去。一个小男孩哭了。

是不是这只红嘴鸥的死，唤起了人们的良知，我不知道。但是，就在这只鸟儿死后不久，市政府发布了保护红嘴鸥的布告。这是一张爱的布告，它贴在人们的心上。红嘴鸥一时成了昆明的“小天使”，凝聚了昆明人的爱。

记得有一天气温突然下降，久违了的雪花竟纷纷扬扬飘洒起来。盘龙江畔，得胜桥头，鸥鸟和雪花一齐飞舞。这时候，许多老人，围着红围巾、戴着风雪帽的姑娘，哈出一团团热气的小伙子，还有刚刚放学的中学生、小学生，值勤的民警……拥到江岸，挤到桥头，不是欣赏鸥鸟与雪花洁白的舞姿，而是把面包和馒头的碎片，把昆明人的爱和温柔，撒给风雪中的红嘴鸥！在同样的地点，前些天还有人打死红嘴鸥，而现在，人们却在喂红嘴鸥！爱的力量胜过了枪弹。而爱，使昆明人从来没有这样美好！我推着车，看着这一切，一任凌乱的雪花在热烘烘的脸上融化，融化……

是的，人世间有爱，有温暖，有友谊；也有和爱和温暖和友谊相对立的邪恶、痛苦、残忍与血泪。追寻美好的理想，追寻爱、温暖和友谊，免不了要和丑恶、残忍以及痛苦做斗争，甚至要付出血和生命。不用说，那只红嘴鸥也是为寻求爱、寻求温暖而死的。它给无知的人们以教训。此刻，当它的同伴们像银色瀑布一样如期飞临春城昆明的时候，当它的同伴们在盘龙江、翠湖和大观楼自由飞翔、悠然戏水的时候，我不能不默默地凭吊它。它赢得了人们的爱，赢得了同伴们欢乐的时刻。它是一只勇敢的鸟儿。

呵，昆明的冬天是温暖的。

云杉坪

出丽江城，沿一条笔直的沥青路北行。十数公里后，岔入林区便道，不时有满载原木的卡车，带着树脂的清香迎面而过。隐隐听见水声，但见谷底溪流波飞浪翻，曰白水河。过河，转弯，上坡，一院青砖瓦房，即是玉龙雪山自然保护区云杉坪管理所。站在院里顺山谷看去，玉龙雪山主峰扇子陡，俨然一柄打开的折扇，仙风道骨，立于苍穹。

酽酽地喝了两盅茶，年轻的副所长说是陪我上云杉坪去，我自是高兴。

副所长姓和，纳西族，三十来岁，当过猎人，也当过兵。身板壮实，脸膛微黑，鹰一样锐利的目光，说话时眉毛一跳一跳的，牙齿白而亮。我们顺一个慢坡，穿行林间。他折了根树枝，驱赶嗡嗡乱飞的花翅膀苍蝇和尖嘴蠓虫，打掉树棵间的蜘蛛网。小和似乎对每一棵树每一丛花都熟悉。他拍着一棵铁杉树干，仰望树冠自顾笑："看，又长高了。"扯了一朵淡紫色的小花，抚弄着细细柔柔的草茎称赞道："这是一味止泻良药，叫隔山消。"我接过来凑在鼻子上，闻到一股草香。"隔山消么，还在山那边，闻到这草药味，肚子就不泻了。不信么？"我笑他那神秘率真的样子。这样说笑着，上到高度超过 3000 米的

地段，我也不感到怎么气喘。

玉龙雪山是横断山脉地区的典型代表，单是属国家重点保护的珍稀濒危动物就有滇金丝猴、云豹、金猫、雪豹、藏马鸡等几十种。我问："能见到这些动物吗？"小和说："哪来那么多？随便就能见到，还用专门保护？"他那口气，多少有点讥笑我的不懂事理，也在强调他们工作的重要。"那么，"我问他，"偷猎偷伐的多不多？""倒也不多。"小和说着，把森林望远镜递给我。我把远处的树、花、蓝天和雪峰拉到面前来细细欣赏。"就我们几个人，满山跑也管不过来，得靠'法'。"小和说得很真切。"怕的还是火，眼前这片原始杉林，我们是立了军令状要管好的。"叫小和气愤的是，总有人躲着藏着带火种进山。倒不是要有意放火烧山，怕的是万一。说话间，我们走进了挺拔的高贵的原始云杉林。腐叶味、湿气和苔藓草木的清香混合在一起，弥漫了杉林。"树胡子"粉丝云絮一般，披挂在枝叶间，随风抖动。扯下一缕，细读那悠长的岁月。

走出杉林，便是云杉坪。

一大片绒绒草甸。草色黄绿，亮亮的野花在风中乱摇。黄牛、黑牛、白羊和狗，阳光从它们满圆的背脊上泻下来。牧人的笛声，颤颤地，落在绿绒蒿蓝色的花瓣上。成熟的草莓的香味，因草甸周围都是高大的云杉而难以飘散，浓得有点醉人。云杉林有一种亘古不变的静穆。在雪峰的映衬下，幽绿、苍青、伟丽。从来没有见过这样整齐这样美的林带。这林带和玉龙雪山融为一体，成为玉龙雪山无与伦比的镶边裙幅。扇子陡雪峰犀利如剑，激闪着一层薄薄的清冷的光。铁青的岩石上，一颗颗雪粒晶莹绿亮。一缕一缕的云雾，

带着雪峰那面的金沙江的涛声升起来，在峰脊与雪冠间稍事停留，旋即融化在蓝得又酽又亮的天空。丰厚的酥松如蛋糕的积雪，填满山崖的皱褶与沟谷。我的视线被杉林遮住而回到云杉坪，回到草甸，最后凝注在一堵白色的断壁和一堆掩于杂花丛草的乱石上。小和告诉我，那是当年两位上海女知青的住屋。早就听说有这么两个女知青在云杉坪办气象站，待了七八年呢。我没有当过知青，此刻却无端地激动。是崇敬，是羡慕，是慨叹？说不清。我朝断壁和乱石走去。

石头是洁白的。草莽和花枝，在乱石间恣意生长。风吹拂着断墙上的藤蔓，吹不走两个姑娘的气息。我感到那墙角的灰烬还是烫的。我在石缝里捡到一小块镜片。这一定是姑娘的破碎的镜子。它曾经照过姑娘的容颜。那是怎样年轻的容颜和身影啊！她们记录风速、温度和雨量，年复一年。她们忍受强烈的紫外线辐射，忍受高山反应。我不知道她们曾经怎样欣赏或者诅咒高险、凌厉的雪峰。当空中旋转着雪花的风涛，当雪花像雪峰坍塌下来，凶猛地扑向云杉坪，她们哭过吗？夜里，有狼来打搅她们吗？她们幻想登上玉龙雪山的峰巅，眺望东海之滨的亲人吗？小和说，她们走了，气象站撤了，房子也倒了。小和的神色悒悒的。我不知道她们叫什么名字。小和不知道，坐在石头上咂烟的牧人说，他也不知道。不过他说，他记得她们，他在石头房子里喝过茶。

牧人的话使我感动。我陷入某种思绪之中，忽地感到从雪峰和云杉林的梢头，有冷冽而清新的风吹来。

读写提示

1985年11月底，“成千上万的红嘴鸥，雪花一样，银子一样，突然间翔集于阳光亮丽的昆明，啾啾鸣叫，穿梭翻飞在盘龙江和翠湖。”我“喜而有作”，写了一章散文诗《小天使》：

你从哪里飞来，红嘴鸥?

成千成万，像小天使飞到我们中间。

是春城给你一片温暖的水域，还是昆明人的好客使你欣然停留?

为了你的美丽，我收集过许多画片，甚至幻想着去海上遨游。

真是喜从天降，你翩然而至，梦一般温柔。

你在盘龙江飞翔，在翠湖飞翔，在大观楼飞翔……你用飞翔擦拭瓷器般的蓝天，用你银亮的翅羽播撒阳光的芬芳；

你停临嫩绿的水面，水面绽开朵朵睡莲；

你栖息碧茵茵的草滩，草滩浮着不会融化的雪团；

你装饰江边的老屋，瓦楞上闪耀着颗颗珍珠，屋脊上亮起华灯一串……

你和哈雷彗星的回归，同样是一个奇迹。说不定你就是哈雷彗星的投影?

你的来临，激动了多少老人和孩子，激动了多少年轻的朋友！

记者把你摄入镜头；

电视荧屏上，你吸引着春城的眼睛；

小学生的作文描绘你的美丽；

科学家的研究增加了新的课题；

你是妈妈讲给孩子的童话；
你唤起老人青春的飞翔；
你是年轻人洁白的爱情；
啊，红嘴鸥！
……

这是第一篇写昆明红嘴鸥的儿童散文诗，“小天使”成为红嘴鸥的爱称和代名词。起初，因为人们的无知和残忍，有人曾枪杀红嘴鸥。我又写了散文《那只红嘴鸥》在《光明日报》发表。文中写道：“那只红嘴鸥呢，已经无力扇动翅膀，它动了动脖颈，向桥上的人们看了最后一眼。它死了。河水漂载着它穿过桥洞，人们从桥这边奔到桥那边，目送它远去。一个小男孩哭了。”写到这里，我的确也很动情。红嘴鸥被枪杀、捕捉等行为昆明媒体做了大量报道，昆明人感到惭愧了。不久天气突然降温，而在曾经枪击红嘴鸥的同一地点，我看到人们“拥到江岸，挤到桥头，不是欣赏鸥鸟与雪花洁白的舞姿，而是把面包和馒头的碎片，把昆明人的爱和温柔，撒给风雪中的红嘴鸥！在同样的地点，前些天还有人打死红嘴鸥，而现在，人们却在喂红嘴鸥！爱的力量胜过了枪弹。而爱，使昆明人从来没有这样美好”！

正如人们知道的，昆明一直在演绎着“人鸥相处、相乐”的“人与自然”的乐章。

第19堂课

人与自然（下）

19

Lesson 19

哭泣的昆虫（三题）

——为苏新宏《虫命关天》部分画作配文

毛毛虫

噫，害怕哟，毛毛虫！别怕。来，数数我们身上有多少毛毛？数不清，是吧？可别用手摸我们，你会痒痒的。为什么？不知道。你研究研究吧。有一个和毛毛虫做过游戏的人观察过我们。他发现我们的口涎会拉成一条细丝。假如我们从树枝上悬挂下来，你就会看见这条闪闪发光的柔丝了。我们走在丝线上。他说我们一生都在走钢丝。你看见过这种惊心动魄的表演吗？颤摇摇的，害怕哟！

哦，不要用粗壮的大棒吓唬我们。你只要用一片草叶轻轻拨动，我就会给你做种种表演，圈成圈啦，一拱一拱地爬行啦，假装死去啦。我的表演不是很好看。因为我害怕。你从我的眼睛里——什么？你看不见我的眼睛？那我睁大了给你看吧！你能从我的眼睛里，看见我的恐惧吗？我怕。一茎青翠的针叶我就满足了。我不要很多。放过我吧。怎么？你要踩死我？你知道我会多么疼吗？你大，我小；大欺小，死得早。这是我的忠告。永别了，阳光！永别了，钢丝！永别了，我睁大的眼睛！

蛇

其实我的胆子很小，一点点响动就吓得我东张西望。“打草惊蛇”这句话，说得一针见血。我对声音的敏感，恐怕来自天性，我甚至能听见月光落在树叶上的声音。这声音有点冰凉，还有一点点树脂的清香。不要以为我不知道花朵们怎样说悄悄话，它们哧哧的笑声又羞涩又动人。真的，我不知道身上的鳞片是不是会传递声音，还是我穿了一件音符的衣裳？声音刺激我的神经，而好听的声音总让我兴奋。在我没有被捉来陪伴这位艺人以前，我生活的那片林地里有我的许多伙伴。星光滴落下来，流淌在溪卵石上。伙伴们约在一起，在溪边听青蛙唱歌，听鱼儿说话，鱼儿的话很有意思，哗地一下，它们说得高兴了就溅起一片水花。我们想笑，呼呼呼地吐着信子。多么美妙的夜晚，流水芬芳，星星闪耀，我们在潮湿的沙石和草丛间游弋，感受痒酥酥的夜气……可是，可是这一切已经成为过去！如今我住在布袋里，或者以竹笼为囚室。蜷缩着，孤独的回忆让我痛苦。听，艺人的笛声响了，我必须闻声起舞。我身上脱落的鳞片，分明是观众投在口缸里的硬币，“当”的一声，动魄惊心。有时候我的反应有些迟钝，那是我想起露珠滚动和草叶摇颤的声音了。回忆的亮光到底没有熄灭。这一次你更要原谅我，我被一种声音吓呆了，你们当中有人咂着嘴嘀咕“蛇肉很香……”。

哦，记住，千万不要在我面前拉二胡。用我同伴的皮肤蒙制的二胡，凄惨的颤音撕裂我的心肺。我决不起舞，决不！不要说我是冷血动物，只有我知道我的血在燃烧！

蜻蜓

我叫蜻蜓。这是你们给我取的名字。蜻蜓，蜻蜓，真是好听。

在阳光里飞翔，是再惬意不过的了。阳光透过薄翼，我和我的影子跳舞。阳光在我的翅膀上闪亮，我真的被自己的舞姿陶醉了。如果让我翻译你们取的名字，“蜻蜓”，就是“在阳光里跳舞”吧？你看我和我的伙伴是多么喜欢炎炎夏日。阳光擦亮我的翅膀，我把阳光穿在身上。你也喜欢阳光吧？阳光是不是在你臂膀上写着这两个字：健康。

你说怎么没有听见我们唱歌？哈，我们的歌融化在风里了！没有拂过你的脸颊，没有拂过你追寻我的眼睛吗？是不是我的歌声太纤细了？一定是了。我落在你的帽檐上，你都没有注意到。不是我不懂礼貌。我不敢告诉你我来了。我看见一个大大的“嘴巴”。这个“嘴巴”，这个被风吹得胀鼓鼓的怪东西，你们叫“昆虫网”。我的一个妹妹不幸被网住了，从此阳光里再也没有她的舞影。她的舞姿多美呵，阳光被她扇得嗡嗡响。可是她被网住了。我哭肿了眼睛。我流着泪，寻找我的妹妹。她也叫“蜻蜓”呀，是你们取的名字：“在阳光里跳舞。”妹妹哟，我的妹妹，阳光的妹妹！

小鸟和守林老人

起初，鸟儿们非常惊诧：怎么来了个白胡子老头？是捕鸟的吧？打猎的吧？不像。带了一条黑狗，可没带猎枪。老人在树林里建盖了小屋，在树林里住下了。

奇怪，鸟儿们用晶亮的小眼睛彼此询问着，用它们鸟国的语言争论着。

不过，很快，鸟儿们就发现，他是个好老头，是它们天堂的保护神。

那天，来了一伙偷砍树木的人。老人带着黑狗，叫喊着去阻拦利斧的挥舞。激烈的争吵。黑狗的狂吠。老人展开一张布告。那伙人虽然还在吼叫，但他们终于发现：老人是一尊真正的山神。他们低下了头。

那伙人走了。老人轻轻抚摸受伤的树干，抚摸流出树脂的伤痕。拾起从树枝上震落的鸟窝，四只雏鸟颤抖在老人手里。轻轻地，老人把鸟窝安放在树枝上，又捉来几只树虫，安慰受惊的雏鸟……

老人取得了鸟儿们的信任，鸟儿们认定他是一个“好人”！

老人走动在浓密的树荫里。白发满头，是一朵硕大的蒲公英，是一盏明亮的神灯呵！

鸟儿们开始拜访老人的小屋，叽叽，喳喳。翻译出来是："您好！您好！"

老人呵呵笑着，用饭粒和爱抚招呼他的客人。一只大胆的黄色小鸟，衔着一颗草莓停落在老人的肩上。老人伸手接住了这珍贵的馈赠。接着又是一颗，又是一颗……

这一夜老人睡得很好。

时间在树叶上写了许多故事，许多故事深深地嵌进树的年轮。

老人老了，他要和每一只鸟、每一棵树告别了。

林中小屋没有升起炊烟那天，鸟儿们知道老人走了。树林里又静寂又暗淡的一天呵。

这时候，鸟儿们都来了。成百上千的鸟儿，在林中小屋上空盘旋。

鸟儿们衔着无数的花瓣、无数的绿叶。伴着阳光，树林里下了一场花瓣雨、绿叶雨。飘落的花瓣和绿叶呵，掩盖了林中小屋……

读写提示

1998年，画家苏新宏画了一些昆虫，总题《虫命关天》，在云南省博物馆举办画展，引起观众很大的反响。我曾为其中的《毛毛虫》《蛇》《蜻蜓》等配文《哭泣的昆虫》，《人民日报》大地副刊发表时改题为《昆虫自语》。

是的，是昆虫哭泣的自语。人们是不喜欢“毛毛虫”的，但在苏新宏的画笔下，被放大的毛毛虫自有它的可爱，那眼睛惊恐地瞪得特大。我“翻译”它的话说：“哦，不要用粗壮的大棒吓唬我们。你只要用一片草叶轻轻拨动，我就会给你做种种表演，圈成圈啦，一拱一拱地爬行啦，假装死去啦。我的表演不是很好看。因为我害怕。你从我的眼睛里——什么？你看不见我的眼睛？那我睁大了给你看吧！你能从我的眼睛里，看见我的恐惧吗？我怕。一茎青翠的针叶我就满足了。我不要很多。放过我吧。怎么？你要踩死我？你知道我会多么疼吗？你大，我小；大欺小，死得早。这是我的忠告……”在人类面前，昆虫如毛毛虫是绝对的“弱势群体”，我们是否应思忖一下“毛毛虫”的“忠告”？听听“蛇”和“蜻蜓”的叹息和呻吟？

人们利用自然，甚至“改造”自然，最终还是要顺应自然，与自然和谐相处。如《小鸟和守林老人》中的那位老人，他是鸟儿们信任的“好人”，鸟儿们的保护神和朋友。当“林中小屋没有升起炊烟那天，鸟儿们知道老人走了”的时候，鸟儿们为他送行，“衔着无数的花瓣、无数的绿叶。伴着阳光，树林里下了一场花瓣雨、绿叶雨。飘落的花瓣和绿叶呵，掩盖了林中小屋……”鸟儿用这样的方式对老人表达哀思和感恩，这不仅仅是童话的想象，也是对“人与自然”的一个隐义和歌唱吧。

第20堂课

远方的风景（上）

20

Lesson 20

沿着怒江的激流

铺花的路

怒江对我来说太陌生，也太有吸引力了。

那天，一大早就离开六库，沿谷底溯怒江北上。开车的是位傈僳族小伙子，姓何，瘦瘦的，鼻梁直直的，眼睛细长。开始，我不敢和他讲话。路很窄，紧贴崖壁，紧靠怒江。怒江怎么弯，它就怎么弯。两岸大山——东边的碧罗雪山，西边的高黎贡山，靠得那么近，那么近，逼夹得一江碧水发怒狂跳。银白的浪花，仿佛要溅到车里来——真溅到车里的，是从崖壁上飞泻而下的泉水，冰凉冰凉的。西岸，陡峻的高黎贡山，在阳光的微笑中，灿烂生辉。雪峰银白，薄雾漫卷。雪峰以下，松树、云杉、冷杉、楠木、香樟、红椿，以及竹丛、大树杜鹃、木玉兰、紫果等等林木花草，因种类的不同，阳光照射幅度、强度的不同，长势和沟谷山脊的不同，以及视线角度的不同，而呈浅绿、嫩绿、青绿、粉绿、紫绿、墨绿、金绿等等色调。细线似的、藤条似的小路，盘在山上。竟有人住在上面，竟有人在上面种庄稼！庄稼地和傈僳同胞的千脚落地篱笆房，是镶嵌在还是紧贴在陡坡上的吧？数百公里长的大峡谷，一线天光，一江流水。是天光投影在深谷，还是江流反射在天幕？多么雄奇而壮美！

我老伸着头，看不够峡谷的景色，显然引起了小何师傅的注意。“是第一次到怒江？”他问，却不看我。“是，是第一次，太壮观了！”我抑制不住内心的激动。“是啊，”小何师傅微笑着看了我一眼——那眼神真动人——“世界第二大峡谷嘛！”小何师傅说着，突然猛踩油门，把车开得飞快，大叫：“江对面！江对面！”嘣然水响，水牛般大的岩石从山上飞滚弹跳，落入江中，一柱水花冲天而起……急刹停车，我和小何师傅跳出来，回身看着纷纷散落的水花。我跑过去，水花落尽的江面，泡沫如同雪花絮白，而如牛巨石，早已沉入江底，不见踪迹。真不知道这怒江到底有多深，江面离石壁山崖上

那最高的水纹线，还有七八米呢！发大水的时候，它将是怎样的狂怒啊，这野性的江，男子汉的江！

坐上车，小何师傅也和我一样兴奋起来。我对他反应的灵敏极为赞许，他只是笑笑，说在这条路上跑眼睛要尖，耳朵要灵，动作要麻利。他告诉我，过一会我们还将看到一个上百吨的“飞来石”，看到“石月亮”，看到“江中松”。他给我讲了许多这条路上的趣闻轶事，甚至讲到他的未婚妻——县医院一位漂亮的护士，“以前，我们一同在民族中学读书。”他说。幸福充溢在他心间，在他脸上，在他眼里。他是一个热情快乐而且好客的青年，一如他的许多同胞一样。

车到福贡，已走了一半的路程。公路就是县城的大街。停车吃午饭。一街都是卖洋芋的，小何师傅买了两箩。而我，竟在一个小书店里，买到《老舍散文选》和孙犁的《远道集》，喜之不禁。驱车上路时，下起小雨来。细沙路面，一尘不扬。日出雨霁，洁白轻软的雾气，罩住了江面。山更青葱。此时，车行西岸，我得以看到东面碧罗雪山的景色。午后的饱含水汽的阳光，使缭绕升腾的云雾幻出虹彩。行不多时，远远看见对面江边一溜粉墙瓦房，国旗高扬，鲜艳夺目。小何师傅说，是一所民族中学，“飞来石”就在路边。说着，颤巍巍过了吊桥。我不能不感谢小何师傅，每到稀奇处，他总是停车让我流连观赏。

看，这“飞来石”真是庞然大物：一百多吨，呈棱锥体，像座房子似的。六年前一个风狂雨骤的夜晚，这位雄踞碧罗雪山的石大王，突然挟风带雨滚了下来，先砸在公路上，又弹跳到四米多高的土台上，正正落在三面都是教师宿舍的院子里，离房屋最近处，仅有一米多点，竟没有伤着人，也没有碰着房。但它落地的巨响把睡梦中的老师和学生惊吓醒了。看到从天而降的巨石，师生们真是惊诧不已，信以为神了。此刻，一位年轻的老师正在给“飞来石”旁边的花草浇水。他说，以前这里也有一个大石头，修公路时炸掉了，和“飞来石”可能是一对，“飞来石”是来找伴的。他又指着架在巨石下的电视接收天线说，这是两年前，修起小电站的时候架设的。妙不可言，大自然的神工和人类的创造的伟力相结合，使之成为富有传奇色彩的江边一景。

奇异的景色沿途皆是。我们停车眺望高耸入云的城堡山：在由苍黑色岩石自然形成的古老城堡上，城堞蜿蜒，岗楼隐隐，旌旗猎猎，云移雾飞中，仿佛有手持刀矛的古代兵士在游动站岗。更为奇妙的是月亮山。那五千米的高峰之巅，雪峰白得耀眼。在淡紫色的、云雾轻飘的峰峦间，豁然有个圆洞，恍若天上的一轮明月，人称石月亮。石月亮有多大，谁也不知道，那里是云飞雾绕的雪峰，鹰都飞不到。透过石月亮，可以看见天光，看见云团飞渡。最动人的是，圆洞中间，明显的有一棵树，不知是长在圆洞里的，长在圆洞这一面的，还是长在圆洞对面的山峰上的，看上去简直就是传说中月宫里的桂花树了！我举起照相机，想把石月亮摄下来。可是，照相机里的石月亮，只有针眼那么大。据小何师傅说，爬上山去，还可以看见一条银练般的瀑布，从石月亮里飞流直下呢！真是绝了。

坐在车上，我还不住地回头去看石月亮。小何师傅微笑着，聚精会神地开他的车。一路上的奇景，他看得多了，但看到我对怒江的景色如此迷恋，他无疑感到高兴，感到自豪。他讲起一个传说来：从前，怒江边有一对傈傈青年相爱。但是，官家要拆散他们。一天夜里，这对有情人沿江逃奔，想远走高飞，不想被官家发现，穷追不舍。突然，江上驶来一叶独木舟，一个彪悍的汉子搭救了他们，把他们送过了怒江。官家气得要命，支支毒箭射向独木舟，射向彪悍汉子。轰隆一声巨响，官家人马吓得扑倒在地。等到他们战战兢兢爬起来的时候，独木舟已经不知去向，而江中却出现一块巨石，石上长着一棵青松……“看，”小何师傅随手一指说，“前面就是‘江中松’！”

这是真正的“中流砥柱”！在澎湃奔腾的怒江中，一堵巨石劈波削浪，岿然不动。巨石上，一棵青松挺拔而起，郁郁葱葱，笑迎风浪。我简直觉得，小何师傅讲的不是传说，而是一个真实的故事。这江中石，石上松，一定是那独木舟和彪悍汉子的化身。它屹立江中，显示着不畏强暴的民族精神；它和怒江融为一体，成为一个刚勇民族的象征。这石，这松，离我那么近，我把它摄入镜头，也摄入我的心中。

白净的细沙公路，在向前延伸，小何师傅说，快到贡山了。我这才发现，这条公路来往车辆极少。公路中间，竟长着一线翠绿的嫩草。路两边的桐子树，把红白相间的花朵，洒在江流里，洒在公路上，我们是在芬芳的、铺满新鲜花瓣的公路上奔驰啊！

一路欢歌去闪打

要不是因为赶时间，从六库到贡山，我真想沿江步行，饱览怒江风光呢。应该说，这个愿望，在从贡山去闪打的路上，是部分地达到了。甚至，比风光更为丰富，更为珍贵，更令人感动的，我也得到了。

贡山是一座马帮城，昼夜不停的，是怒江的轰鸣和马帮的铃声。公路只修到这里，汽车从内地运来的物资：盐巴、布匹、肥皂、电池、胶鞋、半导体收音机、书报杂志，等等，都得靠马帮转送：到丙中洛，到独龙江……因此，在贡山，马店多于旅店。大理石铺垫的路面、台阶、天井，也都被马蹄和人们的脚板磨得光滑明亮，色彩绚丽。当然也有遍地的马粪和嗡嗡乱飞的粪蚊子。

小住一宿，天放亮，就跟着马帮上路，赶去闪打参加怒族一年一度的鲜花节。

怒族有这样一句谚语："山坡上没有鲜花，说不上美丽；寨子里没有歌声，说不上快乐。"作为一个快乐的民族，怒族爱鲜花，也爱美酒，每年农历三月十五日，是他们传统的鲜花节。这一天，人们互赠鲜花，互相祝福；夜里饮酒跳舞，欢歌达旦。鲜花节起源于何时，无文字记载，老辈人流传下来的故事，也是多种多样。比较普遍的说法是感谢仙女的保佑，使"怒苏"（怒族自称）平安无事，年成丰收。因此，鲜花节最隆重的仪式，是由村寨里的长者带领，到一个山洞里向形若女性的一些钟乳石（仙女）献鲜花，献种子，并争接流经"仙女"乳头的"乳泉圣水"：病人用来煨药，老人用来煮茶，母亲用来给婴儿洗澡。这无疑体现了怒族对女性的原始崇拜，以及对美好生活的向往。前些年鲜花节被取消了。这几年才恢复，听说一年比一年热闹，一年比一年丰富了。而男女青年借此谈情说爱，以鲜花互诉心曲，当然是必不可少了。赶马人一路给我讲着，说得我恨不得一下子就赶到闪打，和怒族同胞共享节日之乐。

去闪打有三十来公里路。顺着怒江边的这条古驿路，一直可以走到西藏。

而今天驿路上显然比往日热闹。马铃叮咚，山静水响，一条黑狗，一条黄狗，跑前跑后，乐不可支。两位赶马人，年长的一位，瘦瘦小小的，脸面紧巴，眼窝深陷，眉毛稀疏，胡子被火烧过一样黄焦焦的。他咂着烟锅，老吐唾沫。年轻的一位，二十来岁，像个中学生，黑红脸膛，深红背心，白衬衣搭在肩膀上，挽着裤腿，眼睛一眨一眨的，走在他身边，嗅得着一大股热汗气。年轻的赶马人显然经过了一番打整：毡帽是新的，白衬衣的领口也干干净净，布筋草鞋上，有一大朵红绒球。挂在马驮子上的收录机，音量被他开得很大，一会儿是蒋大为的《牡丹之歌》，一会儿是郑绪岚的《太阳岛上》，苏小明、侯德健、李谷一、关牧村……阵阵歌声，时时盖过怒江的轰响。赶马老人叭叭吐着唾沫，叫开小点，开小点。小伙子总是朝我眨眨眼睛，充耳不闻。

下过一点小雨，驿路湿湿的，但不沾鞋，正好走路。有时驿路下到谷底，细软的沙滩，闪着金子的光。口渴的马匹，跑到江边喝水，我们也可以捧水来洗把脸。但像这种江面比较开阔、江水比较平缓的地段，非常少。更多的是陡嶙嶙的岩壁、险坡，驿路像凿出来的，又窄，又险，走在上面，叫人提心吊胆，心跳头晕。根本不敢看脚下的江流。就是看看对面的悬崖，我也得停下来，站稳脚跟。江水深不可测，回旋沸沸，傲慢地流着。有时我觉得那千仞绝壁，仿佛是放置在江面上似的，江水似乎有力量托举它。有时候，我又觉得，江流有如一柄光闪闪的宝刀，在切割着岩壁，而且已经深深地切割进去了。由此，也才有那绝壁是放置在江面上的感觉。只看一会，就感到眼花，身不由己，似乎和江流成相反方向移动着，赶快把视线移离江水，回过头，只看前面的路，追马帮去。年轻的赶马人总等着我。赶马老人则以教训的口吻说："在这种路上，要少停快走。"老人说的是，怕崖壁上突然滚落石头。这样的事是经常发生的。他给我讲谁在江边钓鱼被山上滚下的石头砸死了，哪个赶马人正在小便被打死了，有多少马匹被打落江中……我听得很害怕，左顾右盼。朦胧的江边水道，朦胧的云空天色，又神秘，又阴森。小伙子大不以为然，拉我一把说："没事，跟着我好了。"

刚走出一个叫达拉底的小村寨，一伙男女青年就嘻嘻哈哈赶上了我们。他们都穿起了节日服装，尤其是姑娘们，头上和胸前的珠子、贝壳等饰物，一闪一闪的，裙幅飘曳，艳艳的，很美。给有些阴暗的峡谷增添了亮色。有个脸红红的姑娘，光着脚板，却把一双小巧的高跟鞋挎在肩膀上。她挤在同伴中，只顾低着头走路。我盯着看，年轻的赶马人扯了我一下，故意说："别看了，人家都害羞了！"那伙人又是笑又是叫，几乎是小跑着超过了我们。赶马人告诉我，那高跟鞋一定是一个时髦小伙送给姑娘的。是啊，姑娘本想在节日里穿上，可在只有马帮路的怒江边，怎么穿得成呢？何况还要难为她那宽大厚实的脚板呢！可爱的姑娘，可爱的民族啊！

说话间，只听得"咝咝咝"一阵响，一个挎着弩弓的小伙子从横跨江流的溜索上，鹰一般"飞"了过来。我惊奇得喝叫起来，赶马人却习以为常，不屑一顾。小伙子卸下溜梆，给我们递烟，说他要赶去参加弩弓射击比赛，似乎因不能陪我们走路而心怀歉意，麂子般轻捷地走上前去了。看着在江风中咝咝鸣响、晃晃荡荡的溜索，想着小伙子怎么会如此神奇地"飞"了过来，我愣愣的，像做梦一样。拣块石头敲敲那溜索，铮铮地响。不可思议，不可思议，就凭一线溜索，竟飞越怒江天堑。

天气闷热起来，路边的树棵上，蝉鸣鸟叫，满山满谷，吱吱蝉鸣，啾啾鸟音。天气虽然闷热，我却感到轻松，感到在怒江边行走的无比新鲜。可是，轻松的心境，顷刻之间竟成了紧张的心悸。

年轻的赶马人突然一挥竹竿，一条花蛇在路畔的草窠上扭成一团。我吓得要命。扭动着抖动着的花蛇，被他用竹竿挑起来，丢到江里去了。“怎么，”他看看我，“你怕蛇？”“怕，怕得很！”他没说什么，把那根青竹竿递给我，抽出腰刀，刷地又砍下一根拿在手上。“竹竿是蛇的舅舅，”他幽默地一笑，“蛇怕竹竿，眼睛放尖点就行了。”我捏着竹竿，心慌慌地跟着他。早就听说怒江峡谷蛇多，果然，我简直不敢再东张西望了，只要风吹草动，心就一紧，冷汗一身，捏着竹竿的手湿淋淋的，路也不是那么好走了，坑坑洼洼的，马尿马粪，太阳一晒，又腥又臭。我盼着赶紧到闪打，省得提心吊胆，可是还没有走完一半路呢。

要不是就在这时，一个巨大的惊骇，使我头脑清醒过来，这一路我不知会怎样地紧张和难熬！是的，就在这时，迎面来了一队马帮。两队马帮的铃声叮当哐啷，共鸣欢响。狗咬了起来。小伙子“得噢”一声，使我们的马帮靠山壁停了下来。我呆站着，欣赏对面马帮中那一头鲜艳华美的装饰，额头的小圆镜一闪一闪的，映着树影和花光。马走得很快，“得得得”，小跑一样。我朝边上让了让，它略略一停；我又让又让，它突然昂起头冲了过来。小伙子大吼一声，抢步上前，伸手一拖，把我扯过来，衣服挂在马驮子上，划了个大口子。小伙子喘得厉害，大声大气地责怪我：“让路都不会，想找死！”赶马老人也跑过来，拉起我划破的衣服，叹了口气说：“也怪我没有给你讲，让路要靠山壁。那马有灵性，晓得你让错了，停下来，见你不动，才来撞你，是要教训你。”看看笔立悬崖，滔滔江水，我如梦初醒，在两位赶马人面前，嘴唇抖颤，却说不出话来……

一阵狗咬鸡叫，我们又通过了一个小村寨。竹竿仍然拎在手上，可我已经心情放松，不再那么怕蛇了。和两个赶马人，特别是和年轻的赶马人，也已经混熟。他是怒族，叫桑谷，再过三个月才满二十岁。从民族中学毕业后，在贸易公司已经当了三年多“赶马哥”。我知道干这行不轻松，单是尾着马帮走走，就够受的，何况晴天太阳暴晒，雨天雨水浇淋，夜里烧堆火，睡在连风都挡不住的帐篷里。我有点惋惜，但又不好直说，就问他：“当‘赶马哥’，你喜欢吗？”“不喜欢怎么办？”他甩着竹竿刷了一下树棵，有点忧郁地说，“我喜欢开汽车。可眼下你看见了，这一截公路才在竖测量杆呢！再说，也轮不到我。”带头马可能饿了，一边走，一边伸嘴去揽路边的草。赶马老人“吁——吁”地叫着，扔石头去赶它。桑谷突然朝我笑笑，淡淡的忧郁变成了明朗的快乐，“其实，当‘赶马哥’也好，有马帮总得有‘赶马哥’呀！”他说着露出很白的牙齿，他是不咂烟的。“是啊，”我赞成他的说法。“再说，”他拍了一下身边的紫红马说，“这些马也着实好，驮子压在身上，哐啷哐啷就往前赶，毛磨掉了，皮磨烂了，脚走瘸了，有的倒在路边就起不来，有的跌进怒江……可是，这些马，什么话也不会说。”说话间，桑谷扯了把山茶花，随手插在马驮子上，看着桑谷很动情的样子，我惭然地笑着说：“是也倒是……”

马帮不停地走，怒江不停地流，一只苍鹰平展着翅膀在淡紫色的山谷盘旋，黑黑的影子落在被阳光照亮的江面。

时近中午了。带头马像是看见了什么，或者是嗅着了什么，加快了脚步。桑谷和赶马老人脸上也明朗起来，光亮起来。桑谷说："茶独泉到了。"

远远望去，山坡上一片白花花的，绿茸茸的，一个缓坡下到江边。走近方知，白花花的是山泉水，分成若干小股，漫山遍坡地流；绿茸茸的是嫩草，一直连齐江边的草滩。水是清得不能再清了，捧在手上，看得见手心的纹路，看不见水。桑谷招呼我和他卸驮子，赶马老人把铜锣锅洗得唰唰响。我们要在这里吃午饭了。马在吃草，吹着响鼻，碰着铃铛。绿绿草滩，悠悠江水，两岸雪峰闪闪的紫色大山，天光蓝而亮，云朵白而轻，呵，这就是大自然吧，我的怒江峡谷，我的马帮和"赶马哥"！

先在泉水里漱了口，洗了脸，洗了脚，坐在驮子上，我想写点什么，拿出本子又不想写了，桑谷先是放收录机，好像不过瘾，干脆关了收录机吹笛子。一杆黄亮的金竹笛，飞出好听的曲调。我不知道是什么曲调，好像是泉水在卵石间流淌，好像小鸟跳跃枝头啾啾鸣叫。我想爬在嫩嫩草上睡上一觉，我真有些舒服得累了。

可是，赶马老人叫我们去喝茶。他的烤茶罐是随时带着的。喝着"茶独泉"煨的烤茶，老人看着我笑，等我说一个"好"。我忘了说，却连连喝了三盅，老人满意了。真是"茶独泉"啊，有了茶，还要有这独一无二的泉水来煨啊！午饭吃得更香了，一锣锅白亮亮的米饭，一碗胡辣子酸菜，一碟油卤腐，一大碗麂子干巴，还有一捧烤小干鱼。我吃得满头满脸是汗，吃得舔嘴咂舌，说了多少遍"好吃好吃"都不知道了。真的，不是山珍海味鸡鸭鱼肉的这顿饭，使得我再上路的时候，明显地感到脚板有劲了。

过了玛石当，离闪打就近了。看看表，已是下午四点。江对岸的山坡上，连走带跑，下来一群男男女女。他们有的吹唢呐，有的弹月琴，还有的咚咚打鼓，又说又笑，和我们隔江而行。我以为是讨新媳妇，桑谷说，怕是哪个寨子的宣传队，到闪打去过鲜花节。桑谷把竹竿丢了，甩着一根树枝，突然高昂地唱起小调来，清亮浑厚的歌声在峡谷中回荡。他刚唱完，江那边有个姑娘也唱了起来，声音又尖又细，我听不懂，桑谷却笑了。接着桑谷唱，接着江对岸的姑娘唱。赶马老人含着烟锅，细细地听。这样一唱一应，走了好长一段。有时江面窄得要合拢来似的，看得见对面对调子的姑娘的样子；有时太宽，看不清人，也听不清声音。当我惊喜地看着桑谷的时候，我听到了一个姑娘用汉语唱的调子——

阿哥背着照相机哟，
阿妹请你照张相……

我怕是听错了，看着桑谷，桑谷说："快回答，要请你照相呢！"说着呵呵呵笑个不停。我急了，说不会唱。桑谷说："怕什么，怎么想怎么唱！"

我舔了舔嘴皮，想了想，放开喉咙，不成腔不成调地唱起来——

隔着大江照不成哟，
你要照相过江来……

平生第一次对调子，唱完大笑不止，感到一种从未有过的快乐。江对面青年男女们“呵呵呵”又是喊又是笑，把鼓擂得震山响。桑谷说，是在夸我呢！赶马老人跺着脚，用烟锅指着吼起来：“不要敲了，不要敲了，山石要震下来啰！”回答他老人家的，却是一阵更响的笑声和鼓声。

真遗憾，那“阿妹”终于没有过来，这一带既没有吊桥也没有溜索。过了一阵，连那山路也绕开了江边，远得只能看见他们点点红艳，听见他们隐隐鼓声了。桑谷见我惋惜，神秘地一笑：“快采好一把花吧，晚上看得着！”说着“叭”地打开收录机，谢莉斯和王洁实的二重唱欢响起来——“星星，星星，星星在对我们微笑……”

呵，闪打快到了，快到了！

今晚我们住喜洲

我问老爸今晚我们住哪儿？老爸说住喜洲。

这是初夏的傍晚。太阳的余晖，从苍山上散射下来，给喜洲小镇打上金红的底色。高高矮矮的白墙、黄墙，大片大片的灰瓦、红瓦，还有绿的菜地，绿的树以及跑动的车，走动的人、马、牛和狗，全都闪着金属的光泽，熠熠生辉！我大大地惊奇了。

让我非常非常惊奇的，还有村头的两棵大青树，也就是白族供奉的风水树。听说一棵是公的，一棵是母的。两棵树都是一样繁茂、壮实，我无法分辨它们的性别。圆弧形的树冠，一直闪耀着亮亮的金绿色。太阳落山了，它们才稳重地穿起墨绿的衣装。这时候，从洱海边，从池塘和水沟边，飞来一大群白鹭鸶，吱欧吱欧地围着大树鸣叫、盘旋，颤颤悠悠地落在树顶上。两棵大树，两棵慈爱的大树轻轻地摇晃起来，举着满树洁白的鸟儿，洁白的花朵，轻轻地摇晃起来，摇晃起来……摇得我少年的心痒酥酥地激动！

就这样，我和老爸老妈，还有一些叔叔阿姨，来到了喜洲小镇。

喜洲的特点就在眼前，两个字：古典。喜洲人把这两个字写成一院一院的白族民居。这些民居现在被当作文物保护起来。人们来喜洲就是来看这些文物。喜洲民居集中了白族建筑的精华，是一座白族民居博物馆。据说这种叫作“三坊一照壁”“四合五天井”的气势非凡的宅院，在喜洲就有八十多院！

我不懂建筑，老爸老妈也只会赞叹。我在四边都连通的“走马转角楼”的楼板上，哐哐哐地跑来跑去；老妈却从圆的或方的雕花窗棂伸出头来，像当年的房东大小姐一样，笑嘻嘻地让老爸照相。这种庭院，由三间两层带厦的房屋和照壁围成，正中的堂屋比两边的房屋高。最奇妙的是，主房和边房相交处，各有一个露出蓝天的“漏角天井”，组成一大一小的三个院落，这就叫“三坊一照壁”了。“四合五天井”呢，四个天井（院子）是由四方带厦房屋组成的，中间的天井最大，每两房相交也各有一个漏角天井，共四个，加起来正好是“四合五天井”。我想一定是白族非常喜欢小娃娃，好让他们玩躲猫猫，才盖出有这么多小天井的房子吧？

还有，喜洲民居最讲究门楼、照壁、门窗花枋和山墙的装饰。青山石砌的大门基座，门楼飞檐翘角，层层镂刻精雕，敷色彩绘，富丽堂皇。大门总安排在院子的一角，绝不正对堂屋。正对堂屋的是一堵粉墙，也就是“照壁”。照壁大多砌成一高两低，又是挑檐飞角，又是青瓦盖顶，正中或大书一个“福”字，或镶嵌大理石画屏，四周勾画出或方或圆、或是扇形的图案。门窗采用名贵的云木、红椿、楸木、乌木，雕刻金鸡富贵、喜上眉梢、麒麟呈祥等民间图案。山墙用白灰粉刷，再画上云纹、如意纹、莲花纹、菱花纹。用老爸的话说，这些宅院，“每一幢都是古朴典雅的图画般的美学组合”。

我们这个大院进，那个大院出，向我们打开的每一扇格子门和雕花窗棂，

连同镶在地上、墙上的石板青砖，都是被岁月涂上灵光的艺术品！有的门窗，油漆和金粉虽然脱落了，也掩不住昔日的光彩，掩不住人们对它的昔日辉煌的想象。更让我惊奇的是，我们参观的“严家院”以及我们住了一晚的“董家院”，与“三坊一照壁”“四合五天井”相连，还建了雅致的西式小楼：洁白的大理石圆柱、半圆形露台、瓶形栏杆、百叶窗、抽水马桶，等等，应有尽有。宅院的主人，想必都是见过世面的人物。导游小姐说，他们都是大商人。她说，喜洲出商人，出了许多大商人。有名有姓的就有一百四十多人。民间有这样的谚语：“马走铃响，喜洲富商。”说的是当年喜洲的大商人们，把生意做到了外省，也做到了外国。马帮的铃声一响，白花花的银子就驮回来了。接着，一幢一幢的“民居”就盖起来。再后来，这些民居都成了重点保护的文物。

喜洲的夜晚是美丽的、生动的，也是安静的。淡黄的、乳白的、浅蓝的、微红微紫的各色灯光，从那些雕花门窗映射出来，晶莹剔透，奇美无比。我们住的“董家院”，现在叫“田庄宾馆”。它是一位叫董澄农的先生在1942年建的，后来捐献给了政府。喜洲这些有名的深宅大院，建的时间都不长，大多在20世纪的三四十年代。“董家院”高大宽敞，住的客人并不多，空气潮湿，像要下雨，花木静静地长着、开着。老实说，我一个人是不敢上那些“漏角天井”里去的。钻在被窝里，我想起我们进村时喜洲小镇那金属般的闪亮，想起一公一母的风水树上，停落了多少洁白的鸟儿……听着窗外夏虫喊哩喊哩的弹唱，我又禁不住想，这宅院原先的主人家，现在在哪里呢？

读写提示

你喜欢旅行吗？人的历史是行走的历史。但是旅行者并非都是为了写历史。旅行让我们看到远方的风景。

我喜欢旅行，很多时候是为了好玩。和家人或和朋友数人凑在一起，到想去的地方疯玩几天，岂不快哉！

有时候我也想独自一人到僻野之乡走走，就顺着山路河谷慢慢地走，用谦卑之心感激大地，感激路畔的花草树木溪水和石头，感激阳光和风，以及突然吓我一跳的什么野物。应该尽可能地及时地记下感激之情和新鲜的见闻。

1985年，我第一次去怒江，去和怒族同胞过他们传统的“鲜花节”。那时候，从自治州首府六库到怒族独龙族自治县县城贡山的沿江公路上，车很少，如我在《沿着怒江的激流》之《铺花的路》所说：“公路中间，竟长着一线翠绿的嫩草。路两边的桐子树，把红白相间的花朵，洒在江流里，洒在公路上，我们是在芬芳的、铺满新鲜花瓣的公路上奔驰啊！”在这条“铺花的路”上，我睁大眼睛，捕捉沿江景色。

此外，一路还有不少奇观异景。在《一路欢歌去闪打》一章，对怒江，这条野性的傲慢的男子汉的江，以及沿途的惊险、野炊，特别是和怒族姑娘隔江对歌，亦多有描述。郭风前辈在《吴然散文印象》一文中，说我“以水彩画的笔调或民歌的旋律来描绘和赞美西南边陲的土地”，使他“取得当代云南山水、树木以及民情、民俗的认识和印象，或者说取得在当代精神照亮下的、居于亚热带地区和聚居少数民族的西南边陲的自然景物和人文景观的深刻印象，而作家注入作品中间的情感，深深地给我以激动”。读到前辈的这些评说文字，同样激起我对前辈深深的怀念！

游记里叙写旅途游览中所见、所闻、所思、所想，可以写得随意、轻松。但又最忌平铺直叙，面面俱到，成为流水账。要紧的是具体，细节的具体，生动而又有情趣和回味。

诗人、散文家、翻译家徐迟先生用“美丽、丰富、神奇”为云南定位，这六个字成为云南的名片。总觉得“云南”这两个字满溢着的那种浪漫与芬芳的气息，沁入了我的肌肤，滋润着我的心。我的作品也就大多取材于云南，我在一种美丽的感动中，为孩子们写作。我想捕捉飘忽在云南大地上空的那种不可思议的捉摸不定的神秘的气息，让孩子们领略云南的美，唤起他们对云南的惊喜与热爱，并歌唱大自然，歌唱人类的爱与温情。可是我写得太少了。

第21堂课

远方的风景（中）

21

Lesson 21

香格里拉二题

阳光

遍地阳光！遍地阳光！中甸城里，遍地是跳跃的明亮的快乐的阳光！

一条大街又直又长，新盖的房子，油漆很亮；年轻的街树，披着阳光的衣裳，小姑娘似的腼腆。它们还不习惯站在街边看人来人往。它们以前生活在一大片山坡上，那里经常有羊群，有藏狗，有牧人的笛声，还有一条从雪山上流下来的小河，在热情地唱着可爱的歌……后来就像你知道的，它们来到这座城市，规规矩矩站成一排，阳光和它们嬉戏，它们的影子，早上在西，傍晚在东。这是一座快乐的城市，有点野气的城市。它们喜欢这座城市，只是还不习惯。它们睡不着觉，夜深了，很多人还在跳舞，围成圆圈跳舞，圆圈很大，有时候把它们都圈进去了。还有喝醉的人，抱着酒瓶在它们身旁打鼾……它们喜欢跳舞，那是和风，和阳光起舞。

这时候，杉树们轻轻摇晃着枝叶，它们，还有我，看见一群藏族姑娘说着笑着走来了！粉红的、翠绿的、洁白的长袖彩绸衫，不卷边的裙袍缀满红红绿绿的穗条，彩虹似的“帮稿”（藏语，汉语称围腰或围裙，有羊毛的和锦缎的两种，红、橙、黄、绿、蓝、靛、紫七色横条纹相间）系在腰前，七色丝线和发辫盘缠在头上，玛瑙项链，银色“嘎呜”（护身符）……姑娘们每走一步，都掀起一片彩色的阳光，而她们身上都是阳光哗哗的歌唱!

一阵马蹄“得得”，踏碎朵朵阳光，藏族汉子骑马而过。狐狸皮帽下，油黑脸庞，张口白牙，有力的目光射向姑娘们，姑娘们害羞了，被紫外线染在脸上的“高原红”，红得更鲜更艳！汉子野野地乐了，一声呼哨，策马而奔，黑色藏袍被风扬起，如鹰飞翔。

三五巡山人，喷着酒气，高视阔步。他们，毡帽上插着羽毛，长枪上的刺刀和镶银腰刀一闪一闪地亮；大黄狗呼前跑后，汪汪汪几声，如同在山谷震响，正在挑选包银木碗的外地人，惊愕的嘴巴张成一只木碗。从雕花彩绘的藏式窗口，有姑娘探出身子，“哦——呵呵”一声长喊，巡山人朝她笑，她朝巡山人笑。

外国旅行者背着鼓鼓的行囊，照相机的快门忙个不停。一位老奶奶走进镜头了，耳鬓的一缕银发，冰川似的，挂在老人被岁月耕耘的脸上。她牦牛般的背脊，背着柳条背篓，背篓里坐一个头发蓬乱的小女孩。小女孩眼睛蓝黑，被太阳晒熟的脸蛋，红红的，沾着污垢。她玩着一把蓝色的小花，她把花瓣上的阳光一朵一朵扯下来。老人摇着转经筒，摇着旋转的嗡嗡作响的阳光，没牙的厚厚的嘴巴嚅动着，把“六字真言”念诵成对佛的虔诚。老人是要到松赞林寺去朝佛吧，是去请活佛为女孩摩顶祈祷吧？旅行者在照相机镜头里读着圣洁与神秘……

我和一棵嫩绿的小杉树，一起欣赏中甸的街景。时近中午，秋阳理直气壮地热起来。小杉树因为不能为我遮阳，有点难为情。我却看见许多人围着一个帽摊买帽子，披着暗红袈裟的小喇嘛不戴帽子，也拿着那些好看的帽子左看右看。“我也去买一顶！”我向小杉树“拜拜”，买了一顶太阳帽，把中甸的阳光戴在头上……

喇嘛哥哥

松赞林寺从山脚到山顶，占了整座山，这座山叫佛屏山。远远看去，蓝天下一片红顶，一片白墙，一片黑窗，层层叠叠，错错落落升上去，非常壮观。清康熙皇帝敕建，五世达赖赐名，松赞林寺成为四方信徒朝拜的吉祥福地，厚墩墩的暗红色大门，已经换过好几回了。寺院里有活佛，有老喇嘛，也有小喇嘛。

人就是怪，不信神不信佛吧，到了寺院里，禁不住那种庄严神秘与神圣的气氛，一下子也会变得胆小起来，虔诚起来。你看这一百零八根巨柱撑持的大殿，何等的金碧辉煌！大殿列柱上悬挂的锦缎唐卡，大殿左右两侧的彩绘壁画，讲述着佛的故事。杜鹃木雕的窗棂和回廊，精美绝伦。莲花座上的佛像、灵塔，金光四射。酥油灯祥和地亮着，垂挂的三色经幡间，缭绕着淡紫的青烟。进香的藏人，有跋涉千里而来的，也有附近的村民带了瓜果来敬献。他们嘴里念着六字真言，抹过酥油的手转动经筒，我们跟着他们，也把经筒转得哗哗响。喇嘛们身披绛红袈裟，盘腿打坐，手捻佛珠，口诵经文，一片嗡嗡嘤嘤。在庄重认真的大喇嘛中，几个小喇嘛也坐在那里摇头晃脑地跟着念经。他们大概就是十来岁的小哥哥吧，一有什么响动，他们就东张西望，亮亮的眼睛骨碌碌转。终于坐不住了，是身上的小虫虫在爬吧，你看他们身子扭过来扭过去的。有一个弯着腰，悄悄梭走了，又一个也跟着走了，不一会儿，喇嘛小哥哥们一个个都溜了。大活佛睁开微闭的双目，看着小徒弟们走了，嘴角浮着一丝花一样的微笑，悠悠然又把眼睛闭上了。他放他们一马。

藏族以信佛念经为善事，出家为僧十分荣耀，谚称“一人出家，胜造金塔”。喇嘛小哥哥们来到寺院里，剃度受戒后，受教于师父，读大量的佛卷经典，听师父讲佛经故事，还学历史、音乐、绘画，也要劳动。经过长时间的苦学、修炼和深造，才能成为真正的高僧活佛。

溜出来的小喇嘛在大殿前面的院子里玩水，我也过去和他们玩，他们朝我擢水，哈哈笑作一团。他们光着的臂膀，油光光地亮，他们也和大喇嘛一样，不时地往臂膀上抹酥油。我问他们寺院里好不好玩，一个说好玩，别的几个说不好玩。“最好玩是‘打阿嘎’！”一个眼睛细细的小喇嘛一边擢水一边说。我问什么叫“打阿嘎”？小喇嘛们叫了起来：“哈，就是冲房顶呀！”是了，藏式土掌房的房顶，都是用黏土“阿尕萨”夯实抹平的。夯实的时候，男女老少手持长把夯棰，又唱又舞，把劳动变成欢歌曼舞，这就是“打阿嘎”，我在电视上看过，是很好玩。“细眼睛”见我感兴趣，捡了根棍子当夯棰，“火火火”就唱起来，踏跺着脚舞起来。一个同伴赶紧上来捂他的嘴，又指指大殿，“细眼睛”伸伸舌头，朝我笑笑停下来。他问我：“你们在城里玩‘打阿嘎’吗？”我说：“不玩。”“玩骑马吗？”“不玩。”“玩摔跤吗？”“不玩。”“那你们玩什么呀？”他吃惊地看着我，摇摇头，觉得太奇怪了，这样好玩的事怎么都不玩呢？我该怎样告诉他呢？说城里的少年玩电脑玩变形金刚玩做作业玩考试吗？怎么说呢，我摇摇头笑了，说："来，我们玩照相！"喇嘛小哥哥们乐了，在我的镜头里嘻嘻哈哈挤成一堆。"给我玩玩！""细眼睛"把手伸过来，我把相机递给他，他眯着眼睛"咕咕咕"笑，也不知镜头对好没有，闪光灯一闪，说是"眨过眼睛了"，就小小心心把照相机还给我。

我一闻，相机上有一股酥油味，那当然是"细眼睛"留下的啦！

白水台看云

我们去白水台。

扎西介绍说，白水台是东巴文化的发祥地，有许多宗教圣贤们的传说和修行得道的遗迹。我对东巴文化一无所知。那些图画一样的象形文字，对我来说只有惊叹。而要了解一个敬畏鱼虫、敬畏草木的民族，只靠听听导游的解说词，坐在旅行车上跑一趟，那是绝对不可能的。我们不怀奢望，我们只是来看看白水台。

汽车转了个弯，远远地，我们看见前面山坡上的白水台了。周围的山是那么幽绿，那么青苍，就在幽绿与青苍中有一大片晶白，像大山敞露的肌体，纯洁，耀眼，无与伦比！科学解释说，这是泉水中的碳酸钙在阳光作用下沉淀凝聚的结果，一个伟大的化学反应。纳西人说的呢，那就像他们的象形文字那样富有想象、富有诗意了。他们称白水台为“释卜芝”，翻译出来就是一句诗：“逐渐长大的花朵。”科学肯定是对的。纳西人也是对的。科学有科学的解释，纳西人有纳西人的传说。除了诗的描绘，纳西人又以飞腾的想象，说这是“仙人遗田”。当然，仙人在这里种的不是青稞，也不会是苞谷。

这时候，我们已经来到这朵硕大无比的、“逐渐长大的花朵”上，来到仙人留下的、不长庄稼只长想象的“玉埂银丘”里了。你拉来一汽车形容词吧，无论你怎样形容赞叹都不过分，都不会有人嘲笑你的疯狂或者所谓的“酸”。你看，蜂窝似的、浮雕似的乳白的石壁间、石窝里、石板上，是怎样若有若无地美轮美奂地流着滢滢水泉啊！细柔的水丝静谧无声，温润中透着动人的凉意。你不想脱了鞋袜在上面走走？它是那样的丰满，丰满得像一朵云，一朵凝固了的云！是的，它就是一朵云，一朵凝固了的云！我惊讶我的这个发现。是白水台给了我灵感！我们站在云朵上，像仙人！这朵云也是在逐渐长大，不断变化的吧？一定是在逐渐长大，不断变化，只是我们看不见，也感觉不到罢了。然而我们看见天上的云，天上的云在不断地生长，不断地变化。呵，白水台不正是最好的观云台吗？

在高原旅行，除了扑眼而来的美景，最使你激动的是什么呢？是天上的云。请想一想，天是那样的蓝，那样的蓝，云是那样的白，那样的白，你会怎样地感动呢？你到什么地方去看这样蓝的天，这样白的云呢？况且，云们是怎样变幻着自己，怎样炫耀着自己啊！我忘不了这一路上的云，我要是能把它们速写下来，我一定是一个了不起的画家。可惜我不是。我们来看白水台的云吧！现在，就是现在，天空，当然是很蓝的天空，正好有一些云在玩游戏，一群白白胖胖的小熊，由熊阿姨领着在玩游戏。玩着玩着，小熊们和熊阿姨捉起迷藏来，忽地不见了，真的，简直是眼睁睁看着就不见了，它们躲到一团一团的戴着雪帽子的树丛里去了！熊阿姨自己也蒙了，一屁股坐在地上，把一个浑圆的背对着我们。接着她自个儿笑了，一打滚也钻进了树丛，

第21堂课　远方的风景（中）

不见了。接着树长成了岩石。这些珍珠色的看上去很有硬度的岩石，从内部把银光透射出来，不知为什么，兴奋得全身发抖，健康强壮地哈哈大笑，震荡山谷与森林。有人说：“要下雨了！”说话间，一群奔马扬鬃而来，冲毁云的岩石，瀑布一样的大水在没有变成雨之前又冻结成冰川悬挂天边……哦，你知道白水台的后面，就是威风凛凛的哈巴雪山吗？我们看到的云，说不定就是他老先生派来的呢。而在哈巴雪山和玉龙雪山之间奔腾的金沙江，也正用虎跳峡的咆哮，把成群结队的云彩赶到这里来，来这里让我们一睹风采，来这里朝拜东巴圣地白水台！我不知道东巴圣贤们是不是常常在白水台看云。他们在创立东巴教的时候，他们在创造象形文字的时候，变幻无穷的天上的云，会不会给他们某种昭示呢？我不知道。我也不知道看着这些云，圣贤们在想什么。我只知道高原的云，白水台的云永远也看不完，看不够。不同的季节，不同的时刻，它们是不同的。永远没有一朵相同的云。就像每一个象形字都是不同的，但组合起来就是一个世界，东巴世界。云的世界又有不同。云的世界是变化的世界，我们读不懂。我们刚才看到的只是一个童话的片段，而且还未必是。也许东巴圣贤们能读懂吧，白水台就是一朵凝固的云。

导游扎西问我们，白水台下面的白地村，建了一座东巴博物馆，要不要去看看？我们都说不去了，我们就站在白水台上看云吧，说不定我们还真能读出几个东巴象形字呢。

读写提示

游记是散文的一大品种，古已有之。“唐宋八大家”恐怕都写过游记。明朝大旅行家徐霞客的《徐霞客游记》被称之为“奇书”。少年朋友们在语文课本上读过朱自清、茅盾、巴金、叶圣陶、冰心、郁达夫等作家的作品，这些作家同时也是游记大家，有许多脍炙人口的游记传世。

游记，顾名思义是和旅行或如今天常说的旅游有关，游而记之是也。我们中国山河壮丽，历史悠久，文化灿烂，游记散文向来十分发达。前些年还有一个以一些院校为主的“中国散文与旅游文学研究会”，从理论上探讨游记散文呢。近年，有的作家在游记的基础上提出“旅行文学”的概念，从文化层面上拓展游记的空间。其实，旅行文学也好，游记也好，都是行走的文学。对人来说，与生俱来的就是走路，一步一步走成人生之旅，走成人的历史。边走边看边想，有时间了就写写，记下所见所闻所想，写得好，就成了旅行文学或游记。

1999 年 10 月，樊发稼、徐鲁、孙建江、乔传藻，还有我和一些朋友，陪台湾来的儿童文学作家、编辑家桂文亚，嘻嘻哈哈到云南迪庆香格里拉采风。回来后，大家就写起游记来，接着桂文亚主编，并由民生报出版社于 2000 年 12 月出版了《说吧，香格里拉》《再来一碗青稞酒》两本书。2001 年 2 月，桂文亚带着两本新书来昆明开座谈会，讨论旅行文学。桂文亚到过许多地方，见多识广，作为儿童文学作家、散文家，她为少年朋友写了大量的旅行文学作品或者说游记。当记者问她旅行文学给她带来什么时，她说了一番很精彩的话。她说：“在我看来，旅行文学是对一个地方有深刻了解和认识，它不同于一天换几次新衣服的那种心态，而是更具有文化上的意义。我希望我到过的地方能够进入我内心的地图。每个人的内心都是一个家，很辽阔，你要把这些经历装在内心地图的什么地方？是用休闲、文化、收集玩具，以及增加游戏话题或是别的什么方式来装呢？对于我个人，我喜欢文化韵味，我会去一些别人看来相对落后的地方，这些地方更有原创性，把自己置于这样的历史场景，去寻找与书本上的知识相吻合的感觉。所以我想去埃及、印度，这可以看出我旅行的趣味，那是一种对历史场景的还原。我希望在原汁原味的文化追溯中省思现在，我也想去走一走不曾走过的时代，体会那种空间带来的美感。我喜欢古老、宁静的气质和一种安宁的感觉。”少年朋友，听了桂文亚这一番话，你对什么是游记或旅行文学是否有了一个较为清晰的认识？如果你也像桂文亚那样用“美丽眼睛看世界”，那你也一定会在旅行中充实自己，丰富自己，写出好游记的吧！

上面这组散文或者说游记，就是从香格里拉回来写的部分篇章，先在台湾《民生报》发表，后收在《说吧，香格里拉》一书中。写这些文章，实在又是一次愉快的旅行，读者在阅读中旅行，我在回望中想念那些风景，那些朋友们的音容笑貌。

第22堂课

远方的风景（下）

22

Lesson 22

多依河

每年油菜花盛开的时候，罗平要举办“菜花节”，人们都来看油菜花。但是，到了罗平，还应该去多依河走走。

去多依河要经过板台村。大树和碗口粗的龙竹，昭示这个布依族村寨根深叶茂的繁盛。村口有一座小庙。一位老大妈在小庙旁卖香烟、葵花子、糖果零食。两位挑柴的汉子坐在树荫下咂烟。我向他们打听去多依河的路径，他们朝竹林一指，说：“顺这条路下去就是。”说着邀我坐下歇息。我问他们庙里供的是哪路神仙？他们笑了，说不是神仙，是何小六父子。那是很久以前了，何小六逃荒到此，村民收留他为村寨守路。何小六忠于职守，好人来了打开寨门，坏人来了敲鼓报警。何小六娶亲成家，他死后子承父业，儿子也当了村寨的“门卫”。有何小六父子守寨护路，村寨人畜平安，老少康乐，村民感其德，建庙塑像，奉他父子为“保护神”。何小六父子为石雕像，一大一小，如常人形貌而体小，很天真憨实的样子，不像门神老爷那般凶神恶煞，却让人肃然而起敬意！

谢过两位挑柴人，沿他们指的路径，走出一片蝉声的竹林，站在山坡上我看到了多依河！

这原是一条普通的河流。它以自己的流水养育了两岸的布依人，它受到布依人的喜爱和感激是理所当然的。不过它未必需要这种感激，它或许只需要人们喜欢它。已经到了栽秧季节，下过几场雨，河水清绿中泛着嫩黄。大榕树旁，一座长长的石板桥横跨河面。水车转动着，泼泼洒洒地扬着河水，饱含阳光的水珠哗啦哗啦滴落。一个穿红背心的汉子，正在使牛犁秧田，吆喝声和溅起的泥浆搅在一起，很是热闹。河边露出的石板上，有洗衣服的布依女人。刺蓬上花花绿绿晾晒了一片衣裙，几个光屁股娃娃又喊又叫在洗衣女人前面游泳，洗衣女人停下来，笑着朝娃娃们擢水，从很远的地方看见她洁白的牙齿和手腕上亮闪闪的银镯。过了桥，顺河而下，一片水声，夹杂着紫燕、布谷鸟、大山雀远远近近的鸣唱。河对岸，梯田层层，大多插满新苗。早插的秧苗已经挺直腰杆，由淡黄转为青绿；刚插的新秧苗则黄绿柔嫩，被薄薄的阳光照耀，显得很孩子气，像婴孩依赖妈妈。几个布依女背着秧苗蹚水过河，她们高挽裤脚的腿，洗尽了泥巴，白嫩嫩地倒映在水里。梯田上的竹林、芭蕉丛掩映着布依人的吊脚楼。远远地，看得见猪鸡的跑跳和追赶着打打闹闹的娃娃。午后的太阳晒烫了石子路，牛屎和马尿的气味很浓。晚谢的杜鹃花倒映在河里。男人犁田，女人插秧。突然一个犁田的汉子唱起来：

清清河边甘蔗园，
妹是甘蔗甜又甜。
吃了一节又一节，
吃得口甜心也甜。

“哦哈哈……”一片笑声在秧田里响起。一个插秧女子手拿秧苗直起腰，高腔脆嗓地唱道：

妹家甘蔗栽后园，
甘蔗成林绿满园。
这园甘蔗长得好，
哪个小哥来尝鲜？

水声，笑声，戏谑声，描绘着劳动的欢乐与美好！接着还唱了好多，“妹是天上五彩云，又会下雨又会晴”啦，“油菜开花黄晶晶，我和小哥一条心”啦……可惜我不懂音乐，记不住曲调。

记得我在城里见到一幅多依河的大型彩照，叫《一目十瀑》。这不，我正好来到摄影者取景的地点了。站在一棵弯弯的老柳树旁回头看去，多依河婉婉转转，像从许多台阶上走来，每一个台阶就是一道白花花的瀑布，数一数，竟有十一二道之多，“一目十瀑”一点不假。我坐下来欣赏这幅图画，榕树、柳树和槐树，正在萌发红黄的新叶。牛群哞哞叫着从我身边走过。手持一枝粉红色打破碗花的布依小姑娘，跟在牛屁股后头。一头小牛犊声音嫩嫩的，从老远的地方跑来找它的妈妈。小姑娘故意用花枝吓唬它，它一下子跳到我面前，黑黑的眸子里映着多依河的水色和小姑娘手上的花枝！

目送着牛群走远了，转个弯不见了。可是手持花枝的小姑娘和跳跃的小牛犊还一直在眼前晃动。

相约普者黑

一整个夏天，清香的荷花和四射的水光，把普者黑浸润、渲染得格外迷人。

你说，到了普者黑，最要紧的是游湖、赏花、打水仗。那是当然。我们是中午到的。被香风水光一撩拨，太阳有点加倍的热。不过饭是要吃的，“吃饱饭好打水仗！”一窝年轻人笑嚷起来。

早就听说普者黑水好鱼鲜，还有荷叶煎饼、清汤海菜……岂能不尝尝？在一家整洁的庭院式的小馆子点菜吃饭。煮了一大锅鱼，不放油，更不放味精，就清水煮。汤白，一小圈一小圈的油星子，来自鱼本身，和绿的葱花、黄的姜丝自自然然地浮成一幅现代派的画图。鱼真的是鲜、香、嫩，特别是那鱼头，胶汁饱满地化在嘴里的那种一团软性的感觉，我还是第一次体验到。若在丘北糊辣子蘸水里蘸一下，那又是别样的滋味，只听好辣的朋友大呼“好吃”！荷叶饼呢，以米面鲜荷叶调和，文火煎制而成，那一股糯香，似乎还带着普者黑的水汽，难怪主人说，多吃也不会上火。不过我还是不要多吃吧。你看，还有那么多好吃的：鸡油菌、奶浆菌、海菜煮芋头、不咸不腻的老腊肉、烤小鱼、烧泥鳅……也在诱我下箸。

好了，赶快去码头上船吧！榕树、叶子花、太阳伞装点的一条甬道，挤满了卖水瓢、水桶、水枪，还有卖雨衣、凉鞋的摊子，热热闹闹的叫喊着游湖打水仗的诱惑。立即上船，在晃动的船上穿救生衣。

给我们撑船的是位小伙子，私下里，倒想让那位戴着斗笠的彝家姑娘给我们撑船更好。你看她那一身装束：上衣是紫红、嫩蓝与粉白的布料拼接缝制，绣花圆领，在胸前以红白二色自成围腰样式。红色打底这面，黑绒布上绣有一朵朵粉红的莲花图案。白色的一边，绣了一朵蓝绿色的中国结。白色坎肩以下的袖子，在红蓝二色相接处，是水纹般的花纹图饰，红色袖口以上，黑底绣配的是一串白莲花。一条宽宽的白色花边镶嵌了黑色腰带，后坠绣着大朵的莲花，红丝线穗子恰到好处地悬垂在臀部，和绣花的红绿相间的裤子谐和为一体。她的影子摇曳在水里是那样的美，而她浅浅的一笑，又是那样动人。

阳光铺在湖面上，融化在湖水里。我们坐在船上，坐在阳光上！天是那样蓝，云是那样白，大片大片的荷花，在碧绿的裙幅飘扬中，伸直修长的脖颈，做出优雅健美的深呼吸的体态，叫人爱怜得心疼。那淡淡的清香，就来自它们的呼吸来自它们净洁的花瓣与绿叶吗？而此时此刻，怎么能不让你想起古人、今人写荷花的妙文佳句呢？你一定记得那些名篇美诗吧，我就不引章摘句了。水是那样清，长长地漂荡着徐志摩诗句里的油绿的青苔和水草。在阳光的照射下，青苔水草们舞蹈家一样摇晃摆动。我伸手想抓住那闪烁不定的银的金的光带，只感到一股清凉顺着手的筋脉，舒服地生长起来。就在这时，真所谓一石激起千层浪，我们年轻的伙伴们，与另一船年轻人叫闹着打起水仗来了！水盆、水桶、水瓢、水枪在挥舞、泼洒、激射，银亮的水花，带着阳光，带着年轻的惊叫，突然的飞溅迸发，让文静的荷花猝不及防地睁大了眼睛。你看这一家子，爸爸是赤膊上阵，大桶的水泼向对方；已经浑身湿透的妈妈和小女孩，正用笑声和叫喊迎接水花的袭击……上海来的四条汉子，穿着不同颜色的印满草书的衬衫，被泼得一塌糊涂，可是在我的镜头里，他们依然笑得满脸水花！是啊，不论来自何方，到了普者黑就是一种约定：游湖、赏花、打水仗！在荷花摇曳成一派迷蒙水香的湖上的激战，一整个是淋漓尽致的青春快乐的绽放，也是普者黑柔美表情的灿烂的绽放。

观战的间隙，我留意到有的小船划进了荷花丛中，在热闹中隐没于清凉的安静。一条小船悠悠地划过来，船主人烤好了小鱼、泥鳅，烤好了洋芋和烧豆腐，甚至还有荷叶饼！诱人的香味，让打水仗的人们休战片刻，在品尝普者黑湖上风味的同时，补充一点体力。

本来说好，这次你要和我们一块来。可是你突然有事，没来成。这是可以理解的。突然的事总是很突然。不过还有机会。下次，不论是“花脸节”，还是一个平常的日子，下次我们一定相约普者黑。你知道，“普者黑”彝语意为“鱼虾多的湖潭”。湖泊众多的普者黑，鱼虾自然很多，单是荷花，据说就有 5000 亩呢！那就说好了，下次我们划上小船，躲到莲叶荷花里去。

读写提示

浦漫汀教授主编的“小霞客游记丛书”中，有我一本《小霞客西南游》。这本书获得中国作家协会第五届全国优秀儿童文学奖。作为评委的评论家汪习麟在获奖作品综述中，说《小霞客西南游》“作为少年游记，自有其独特的创新之处：作品以少年身份作第一人称，用少年的眼光、情趣、思考，观察社会与生活，开拓了少年游记的社会性，内容涉及民族、民俗、民情，以及饮食、服装、自然、特产、文化、历史诸方面，并不局限于介绍民族之外部描述，简直可以视作西南区域的一部小百科全书。作者久以文笔优美享名于散文园地，这部游记他有意识地从《徐霞客游记》中汲取营养，不只更注重叙事性，还适当沿袭其遣词造句的某些风格，这正表现了作家用他不懈的探索和追求，以达到散文创作的另一高度”。

2002年5月，在北京的颁奖座谈会上，我谈的正是我“从《徐霞客游记》中汲取营养”的感想。我说：“写作《小霞客西南游》之前，我就认真读了《徐霞客游记》，做了一些笔记。以前没有很好读这本书是个大错误，特别是云南人不很好读这本书，是不能原谅的。徐霞客的滇云之行，是滇人之福。他的游记，有将近一半，写的就是云南。我被徐老先生的精神和文字所感动。他一生都在旅行，在寻找。三百多年前，旅途的艰难、危险，不读他的书是无法想象的。他把他经历过的看到和想到的一切，固定在他的文字里了。他在破庙荒村，在山洞在树旁在一豆油灯下，研墨展纸，执笔写日记的情景和身影，总在我的眼前晃动，感人至深。他是真正用自己的手、脚和整个身心触摸土地和草木的人。他很有情调。他对一花一木的喜爱，是一种童心的惊喜。他在某一棵树下用饭，在村边桥头看见一枝灿烂的桃花而悠然想起自己的故乡，读到这些文字你无法不感动！还有他对乡风民俗，对自然物产的满怀情意的记叙，等等，整个的是一部经典，一部百科全书。我知道，正是读了《徐霞客游记》，我才有了写《小霞客西南游》的信心。”我说的完全是真心话。

我觉得旅行是一种生活姿态，是健康人生的需要。它不只是从一个地方到另一个地方去。它是一个过程。实现这个过程的是许许多多的细节。对少年朋友来说，旅行总是那么迷人，远方总是那么新鲜那么充满诱惑，充满幻想的色彩。地图就是故事。行走就是情节。前面都是不可知的。在旅行中自然会见多识广，得到在课堂上得不到的心灵的滋养。

第23堂课

散文诗——美丽的文体（上）

23

Lesson 23

关于秋天（三题）

秋叶

不是说，在这个季节，在送走了夏天的时候，我们就相聚么？

我想象你会披一身云霞的衣裳，来到我的身旁。

可是你寄来一片秋叶，一片艳红的火把梨经霜的秋叶。那叶脉上写满你的绵绵细语和思念吗？那淡淡的黑的斑点是目光灼伤的么？

捧着秋叶，我读你的心，读山村的秋天。

这时候，山村浸透火把梨的甜香了。轻轻的、软软的风，在梨树叶上微笑，燃烧殷红的火苗。树叶用最美的红色集合秋天的爱情，用嬉笑和歌吟照亮山村坎坷不平的小路。黑山羊驮着夕辉漫过山垭口了，牧童的眼睛融化炊烟的紫色。山道上洒满羊屎，洒满腥臊和一片咩咩的温柔。牛铃叮咚，敞胸的农人赶着牛车。刚刚收下的苞谷、南瓜、黄豆、白扁豆和红腰子豆，喜悦装满了老式木轮车，弥漫的清香混合着人的汗气和烟味。井台上汲水的村妇把水晃泼了，秀目和银的耳坠闪着辉芒。刨食的鸡咯咯咯叫起来，突然蹿出来的黑狗，摇着尾巴迎接主人……一切都成熟了，饱满了，秋天的山村哟！

我们不是说要结伴去山村么？这片秋叶是你的请柬，还是你的渴望？

山村并不遥远。

秋叶上秋光荡漾。

可爱的，还有你少年的英俊，是不是也在秋叶上掩藏？

月

你问我为什么喜欢秋天的月亮？

哦，你留意过秋月的纤细与娇嫩吗？你曾经身披月光，蹚过溪水，走过山路吗？

秋月总是那么让人爱怜，像少女蕴含圣洁的芬芳。她在薄薄的云纱里偷看你的时候，飞动的羞涩叫你的心颤抖。那是真正的“秋波”，荡漾在深远的夜空。于是战壕里不再有枪声，敌对的阵地上响起鸽子的哨音。

呵，是一个中秋之夜吧。我孤独地踩着满地落叶，行走在荒山野岭。陪伴我的只有月亮和少年的慌张。树丛里裹缠着夜气与寒霜，夜鸟啼鸣，野兽狂奔，恐惧在我心里生长。这时候，月亮摇着永不枯萎的树枝，播下一片一片的月光。月光落在我的肩上。清凉的溪水在月光下闪烁波动，跳跃的华彩，是鱼鳞的光泽吗？我的记忆之门豁然洞开。所有的亲切与温柔扑我而来。我走着，深深地感动着，高悬的秋月是那样柔美地抚慰我照耀我。我嗅到了恋人的芬芳。我走得更急了，脚下的落叶沙沙地响，沙沙地响，是月光的歌唱。这就够了，这爱的永恒与力量！

也许并不是很多人都懂得中秋节的意义。

在秋天，月亮最圆的这天晚上，许多人都回家团圆了。

你呢，我的朋友。你问我为什么喜欢秋天的月亮？我可否寄给你一片月光？

雨中

雨不紧不慢地，很有耐心地下着，下着。

一对上了年纪的夫妇从雨中走过。步履蹒跚。黑布伞庇护他们佝偻的身体。满地落叶，泥泞。雨声灌满他们迟钝的耳朵。他们颤颤摇摇，像河边迎风抖瑟的苇草。

该死的，可诅咒的秋雨呀！

可是他们曾经多么爱雨啊，爱这秋天的雨。

一阵音乐的花瓣飘然而至，雨在红油纸伞上歌唱。

他们相拥而行。绵绵秋雨，绵绵秋雨使他们挨靠得更近。他们被彼此的芬芳所吸引。他们有足够的热力驱散秋雨的寒气。每一片落叶都在为他们祝福。泥泞路滑，只增添他们的乐趣。他们希望雨就这么下着，绵绵地，柔柔地，不绝如缕……

飘逝的雨丝，飘逝的落叶呵！

记忆的温暖掠过他们的心头。他们相视一笑，明朗地，灿烂地，他们破译了岁月的年轮。

步履仍然蹒跚。他们走着。

一朵落叶如蝴蝶，拜访他们的黑布伞。绵绵的雨，唱着绵绵的歌。他们走着。

樱花信

阳光是那样的柔和亮丽，薄薄地，嫩嫩地，从花枝花簇间摇落下来，一晃一晃地偷看我给你写信。我真有点不好意思了。阳光会把我信上的话告诉樱花吗？

你说过，你要我在圆通山樱花绽放的时候给你写信。我多少次跑到圆通山，去看樱花是不是开了。春节前的那场大雪，让我好担心呵！我担心那么厚的积雪，会不会压断樱花的树干和枝条！还好樱花挺住了，樱花是好样的，而且也许正是雪花的滋润，今年的樱花开得特别好。你看——哦，我当你在我身边呢！饱满的花瓣，那么嫩那么丰润，似乎那绯红的汁液就要滴下来了，滴在我的信笺上了。你尽可以想象此刻圆通山的美丽。空气是清澈的，在一缕淡淡的透明的浅红中，弥漫着花的芬芳。这是樱花的节日，也是昆明人引为骄傲的美与爱的节日。昆明人都来看樱花，都来拜访樱花了！谁要是错过了这个芬芳绚丽的节日，谁都会遗憾，都会觉得生活中缺少了一种情调，一种明亮与温馨……谁都不想失去这个机会，这个培植和耕耘自己精神家园的机会。那么朋友，你什么时候回来？你知道我怎样在我们相识的樱花树下给你写信吗？这是一封“樱花信”，阳光和樱花们都看见了，我用饱蘸阳光的花瓣，写满我的思念。朋友，回来吧，这是我的当然也是樱花的召唤……

读写提示

散文诗借鉴、融合了诗、散文，甚至小说等众多文体之长，形成了自己独特的美。在众多文体中，散文诗是一种美丽的独立的文体。作家在短小的篇幅里，创造一种美丽的艺术世界和意境，表达一种美丽的情意和哲思。许多读者特别是中学生，很喜欢散文诗。他们把自己喜欢的散文诗抄在笔记本上，或作为“箴言”“生日祝词”，抄赠同学和朋友，他们也练习写散文诗。我自己，正是受郭风前辈的影响，并在他的感召、鼓励和指导下，练习为少年儿童写散文诗的。

1997 年《儿童文学》第 1 期在“文学佳作”栏，发表了《关于秋天（三题）》这篇散文诗。编者化名“一丁”写了篇题为《极富个性的感受》的“作品小析”：

秋天是一个广阔的时空，值得书写的东西太多，本文作者只从其间撷取了三个“点”，却在“点”上充分地往深里开掘，终于向我们展示了秋的风韵。

一片经霜的秋叶落下来，是一封秋的“邀请信”。读着那“信”，我仿佛也被邀进了那座小山村。这里绝对是一片净土，纯粹的大自然，没有人工造化，没有丁点污染。幽静而恬淡，炽烈而清秀，成熟而饱满。那溢着甜香的火把梨，微笑的风，嬉笑歌吟的小路，驮着夕辉的黑山羊，紫色的炊烟，敞胸的庄稼汉，老式的木轮车，井台上汲水的村妇，摇着辉芒的银耳坠，刨食的鸡，摇尾巴的黑狗……把小山村装点得如诗如画。读着读着真的身临其境，似闯进了一个“世外桃源”，并与作者一起分享着那份对家乡故土的情和爱，不禁感叹“风景这边独好”！

你有这样的感受吗？秋月的“纤细和娇嫩”，像蕴含圣洁芬芳的少女，尤

其是她从云隙中向你“偷看”时，你的心“颤抖”了吗？作者把月光比作少女，少女的“秋波”洒在战壕里，顿时战壕上空飞扬起一片鸽哨声，枪声也悄然销声匿迹了。比喻得十分贴切，夸张得合情合理。少女的“秋波”洒在夜半荒郊的少年肩上，所有的亲切和温柔向他扑来，让他嗅到了“恋人的芬芳”。描绘得童话一般，十分细腻，作者笔下功夫不凡才能如此这般地给读者以艺术的陶冶和美的享受。你想产生这种在月光下极富个性的感受吗？不妨你也在月光下“潇洒一回”怎么样？

《雨中》，像一幅图画，几笔便勾勒出了一段“雨中情”和“情中雨”，情雨交融；又似一出轻喜剧，把一对老年夫妇细腻的感情变化，刻画得细致入微，出神入化，可敬又可爱。令人读着读着便会咯咯地笑出声儿来且回味无穷。

诗人、儿童文学作家金波和佟乐泉先生将《关于秋天（三题）》选入“课程标准修订版语文阅读丛书”《快乐阅读》五年级（上）时，提示说：“儿童文学作家吴然先生曾经说过，他在做一种小小的尝试，写一点成人和少年儿童都可以读到某种韵味的散文。在这篇文章中，他就写了一些成年人的生活。这些生活也许你现在还不太懂，但是将来你会懂的。”

类似的散文诗，我还写了《樱花信》等。彭程先生说《樱花信》第一段的文字，“读来齿颊生香……清丽，自然，温婉，这样一些词汇会很自然地跳上你的心头”。那你也读读吧！

第24堂课

散文诗——美丽的文体（下）

24

Lesson 24

高黎贡山的声音

题记：你知道高黎贡山吗？在景颇语中，“高黎”表示景颇族的一个支系，“贡”意为“大山”。这座北起西藏高原、延绵而来、长达600公里的“大山”，被誉为“冰雪长城”，耸立在云南怒江西部的中缅边界。它是那样雄伟，那样壮美！当河谷里蝉声一片，木棉树开满艳红的花朵，它的山顶仍然白雪皑皑。这里是生物多样性的博物馆，是国家级自然保护区和联合国教科文组织批准的世界生物圈保护区。在这组散文诗里，但愿你从花朵们，从小熊猫们的歌唱中，听到高黎贡山的声音。

一品红

我是普通的花，红艳，花期很长。我在这里开放，我陪伴这位女人，还有她的小女儿，还有她的猪，她的鸡和狗。你已经知道，她是守桥人，她守着的这座古老的铁索桥，名叫双虹桥。政府每年给她500块钱。她守着桥。雷电袭击怒江的夜晚，铁索在暴雨中抖闪，高黎贡山和碧罗雪山的巨石，滚落江中。她顶着蓑衣，一任风雨吹打，我花瓣上的雨水飞落在她的脸上。我们总在一起晒太阳。她大概忘记了那些夜里的风雨和惊惧。你看她嗑着葵花子，小女儿脸红红的，在吃橘子，一位赶马人给的。她知道桥上有好些木板朽坏了，她担心马匹，还有喝醉酒的赶马人会摔到江里。她男人前几年死在江边。她哭喊着扑过去，跌掉一颗牙齿。她的泪和着满嘴的血，流在江水里。去年，她儿子读初中了。她不能眼巴巴等着政府的500块钱。她种甘蔗、苦荞、向日葵和洋芋，还有果树。连我——一棵普通的一品红，也是她栽种的。她是文山人，她来这里15年了，守桥是这两三年的事。有时候，我看见她看着江水发呆。

我不知道她在想什么，也不知道怎样安慰她。

我是普通的花，红艳，花期很长。

巨松鼠

我喜欢这片树林，高黎贡山的这片树林。这里树很多，很密。人们这样叫它们：楠木、香樟、铁杉、红椿、鹅掌楸、木莲、红豆杉、大树杜鹃……它们不是一齐发叶，也不是一齐开花。它们的花好看，叶子也好看。那些嫩芽、嫩叶啊，有的黄绿，有的粉绿，有的绛紫，有的橙红……那么嫩，那么害羞地喜悦，用它们的新鲜，呼吸新鲜的阳光。我爱吃的果子就多了，甜的，酸的，酸甜酸甜的，还有香脆的……噫，太好吃了！

这天，我在核桃树上，享用熟透了的泡核桃，来了一群人。大概是中学生。他们戴着小黄帽，走进了林中小道。他们叽叽喳喳，东张西望。大森林的神秘，让他们兴奋，也有点害怕吧。这是肯定的。我在高大的核桃树上，看着他们，欣赏他们。突然响起一片惊叫："黑豹！猴子！"这倒吓我一跳。树枝猛烈地扇着翅膀，缤纷落叶一片哗响。我从这棵树跳到那棵树，惊慌而逃。不过很快我就发现，他们错了，我也错了。他们把我当成了黑豹和猴子。真是的！我有点生气。"吱吱……"我竖起蓬松的大尾巴说道，"你们叫错了我的名字，我很不高兴，很不高兴！"我看见一个大人举着望远镜说："你们吓着它了，它叫巨松鼠。"

我听到一阵兴奋的叫喊："巨松鼠，巨松鼠……"我有点后悔，我不该对他们生那么大的气。不过，我没有出来。我在繁枝密叶间偷看他们。啊，小黄帽，下次见到我的时候，你们还会叫错我的名字吗？

珍珠伞

你没有看见我的花朵，也没有听见我的声音。那不要紧。你看见了我，看见了我的果实，对我来说，这就够了。当你喊我的时候，你知道我有多高兴！我的长长的叶片晃动着，我用我果实的眼睛，也就是你们说的“珍珠”，看着你。哦，不知道是谁给我取了这么好听的名字？是怀着怎样的情意，把这个名字给了我啊！“珍珠伞，珍珠伞”，我听着你这样叫我，我感到有一种亲切美好的感情流遍我的全身。是的，我是一把伞，一把珍珠伞。我为我旁边的小草，还有静静地开放的小花遮风挡雨。而为我遮风挡雨的，是我身旁的这些大树爷爷。我们在一起生活。我们互相竞争，我们也互相关爱，互相提携。我们用智慧生长。

记住，你沿着麦克阿瑟小道走来，我就站在保护区 107 号柱石旁等你。这条小道，是美国麦克阿瑟家族基金会援助修筑的。从这里，也就是以我为界，你就进入保护区了。啊，我可是高黎贡山的一朵小小的保护伞哟！朝前走吧，去认识更多的植物、动物，你会得到许多幸福。

冬樱花

我们叫冬樱花，我们在冬天开放。好多昆明人只知道圆通山的樱花，其实我们的花光，已经染红了昆明的许多街巷。还记得费翔唱的“冬天里的一把火”吗？那就是我们呀，冬樱花。我们燃烧自己。我们释放热情。给细嫩的小草以鼓励。向伟岸的大树致敬。我们没有明亮又闪烁的大眼睛，我们也不是天上最亮的那颗星星。我们只是给幽暗的山箐一抹亮光，给冬天的山林多一点色彩和热闹。最后，我们的花瓣将随风而逝，和所有的落叶在一起。

此刻，我们从一条歌唱的溪水里，看到了我们的影子。嫩红的，娇艳的，是我们自己吗？我们有点顾影自怜了。远远地，我们看见溪水旁边的温泉，氤氲水汽，朦胧了泡澡男女的笑声。这高黎贡山真是有趣，融化的冰雪流淌成歌唱的溪水，溪水旁的温泉冒着滚烫的水泡。溪水里，我们洒下我们嫩红与娇艳的花瓣，洒下祝福。我们嫩红与娇艳的花瓣，随着溪水，在温泉的水泡里旋转。“冬樱花！”我们听到了人们的叫喊，我们摇落一树花瓣……

懒猴

人们给我取了好几个名字：蜂猴、风猴、懒猴。前两个名字，音同，据说“蜂”和“风”字不同，意思也不一样，我搞不懂。许多人叫我“懒猴”。我懒吗？懒是什么意思？不活跃，不好动？我说你们，看事情怎么只看表面呢？我不大好动，这是真的。我的习惯是白天睡觉，不可以吗？在树洞里，或者就抱着树枝，任凭树枝摇晃。别担心我会摔下来。不，这样的事从未发生过，我舒服着呢。当然，这都多亏我有短粗的一样长的四肢，特别是第二个脚趾的钩爪，像什么来着？像你们说的“锚”，让我稳稳当当地“诗意地栖息”在树上，在“林海”里。我短小的尾巴很懂事地隐匿在毛丛中，从不碍手碍脚。我的耳朵也很小，干脆用毛乎乎的脑袋来隐藏，烦躁的声音我懒得听。我是树上的一个毛茸茸的果子，我做着我的白日梦。就因为这样，就叫我“懒猴”吗？随便吧，我懒得去想。

其实我懒吗？我不觉得。就算是懒一点吧，有什么不好？都那么忙忙碌碌的，那么急，干吗呢？我喜欢在夜里活动。我有一双又大又圆的眼睛。我捕食昆虫时，出手之快，高黎贡山知道，还难有谁可以和我争雄。我更知道哪棵树上结着我爱吃的果子，我坐在树丫上，慢慢享用那成熟的美味。当有些猴子去“捞月亮”的时候，有谁知道，我正与山中明月“对饮成三人”呢！又有谁知道，“何夜无月，何处无竹柏，但少闲人如吾两人者耳”！

啊，就叫我懒猴吧，我不生气。

青苔

我们有丰富的绿色：粉绿、灰绿、水绿、墨绿、金绿、艳绿、苍绿、嫩绿、翠绿、碧绿、浅绿、浓绿……你所盼望的绿色，在这条古道上，我们都给你提供。我们用绿色装饰了这条古道，装饰它遥远的梦。这条古道被称为“南方丝绸之路”，它的历史，和它本身的路途一样悠长。它用马帮的铃声，用赶马人的山歌和传奇铺成。你只走了一小段，一小段。我听到你的心跳，听到你的喘息了。我们很高兴，你说“青苔”。你蹲下来，是那样惊喜地看着我们。我们也睁大了眼睛，在马蹄窝里，在树干、树桩和裸露的树根上，在土埂、石缝和古藤上，满是我们绿茸茸的温柔。是的，我们只是低等植物，这并不是说我们不重要。据说对我们的研究，至今还是空白。这倒要给科学家提个醒，研究高黎贡山，可别忘了我们。啊，一点尘埃，一点湿润，就有我们——绿色的青苔。

小熊猫

我们不是大熊猫的弟弟，不是。我们小熊猫和大熊猫的区别，不在于“大”和“小”。我们不是同一个家族①。我们是那样的不同。大熊猫的外套，不就是黑白两色吗？这种朴素当然也是一种美。不过，我还是喜欢我们更为华丽的衣装。一身蓬松的红褐毛色，背部细致地渐变为颇有质感的红棕色，配上棕黑色的裤腿，别提多有风度了！我们的骄傲，还有这条独一无二的长尾巴，棕色与白色相间的九节环纹，把它装饰得举世无双。是的，我们的“时装步”，那才叫漂亮！“回头率”吗？绝对有无数惊羡的目光。

我们文静。我们喜欢泉水。融化了冰雪，融化了草树和竹叶的清香，融化了鸟们的歌唱，高黎贡山的泉水，是那么冰凉，那么甜爽！在吃了许多嫩嫩的竹叶后，我们喝着泉水，有节制地品尝。轻轻地抄起一把，洗洗我们好看的脸和明亮的双眼。当我们从漂着草叶和花瓣的泉水里，看到我们的影子，一种无言的感激，在我们心里弥漫成对高黎贡山的神圣……

有时候，我们在山崖上晒太阳。我们枕着我们的长尾巴。高黎贡山的雪峰，向蓝天闪着炫目的银光。鹰的飞翔，把黑色的象形字写在雪山上。风声飒飒。闭着眼睛，我们也能感到竹叶的摇晃，高黎贡山的竹子啊！我想，我们和大熊猫，也许曾经是远亲吧？我们不都喜欢吃竹子吗？啊，来吧大熊猫，到高黎贡山来吧！这里有许多竹子，许多你们没有吃过的竹子。我们欢迎你们来，高黎贡山欢迎你们来。别管你我属什么“科”，我一定会叫你声“哥哥”！

注：①大熊猫属大熊猫科，小熊猫属浣熊科。

同 行

我们在同一趟列车上，同一节车厢里。

我们一同去北京，再去哈尔滨，列车载着我们同行。

我们经过的地方，有高山，雄奇、险峻；有河流，著名的如长江、黄河；有平原，有丘陵……

从高山流水，到小院人家；从云遮雾绕，到天高地阔；

到处是人民创造的奇迹，过去的，现在的，也预示着将来。

有阴柔之美，有阳刚之气。这就是我们的国土，太阳下的国土，旗帜下的国土，芬芳的土地！

于是，我们谈诗，谈散文诗，也谈散文。

谈鲁迅，谈柯蓝，谈郭风；

谈屠格涅夫，谈波德莱尔，谈泰戈尔，也谈纪伯伦和希梅内斯……

列车载着我们同行。

我们经过高山、大河、平原；小桥流水，翠竹摇空……

我们经过的地方，无一不是诗，无一不是散文诗，无一不是散文！

你看，你看，长江何其坦荡、深沉，而又不失温柔，母亲的温柔。

你看，你看，钻天的白杨，星星似的野花；

你看，你看，农家的小院，城市的高楼；

我们的诗，我们的散文诗和散文，似乎正需要这一切。

大师们为此做了许多杰出的努力。但是，不能说他们已经做完了一切。不是，还需补充，不断补充。

我们可否做些补充呢？生命的大地多么撩人。

列车在轰鸣前进，列车载着我们同行……

读写提示

散文诗有多种写法，我也试探着写各种样式的散文诗。

发表在上海《少年文艺》2008 年第 7、8 期合刊的散文诗组《高黎贡山的声音》，次年《中国儿童文学》第 4 期在“本期推荐”栏选载时，执行主编、诗人朱效文先生写了篇较长的《赏析：用大自然的眼睛看世界》，现作为“读写提示”摘引如下：

和一般人写游记散文不一样，吴然笔下的《高黎贡山的声音》，绝对不是随便看到什么就写什么，而是将他在高黎贡山中的所见所闻收集起来，按照艺术的构思做重新编排。编排的方法是挑选几种有特点的动物或植物，将它们拟人化，用这些动物或植物的眼睛来看世界，用它们假想的心灵来抒发情感。这样，吴然笔下的高黎贡山就变成了一个个有趣的童话故事。高黎贡山里的一草一木，每一个小动物都变得活灵活现，仿佛正在与我们对话，与我们讲述它们美丽动人的传奇：小读者们读这样的散文，还会感到枯燥乏味吗？

读《高黎贡山的声音》，我们会发现，作者并不仅仅是为了有趣才这样写的。通过拟人化的写法，作者其实是想借用动物和植物的心灵与嘴巴来抒情，通过不同性格的动物和植物的声音来表达不同个性的情感。让情感个性化，陌生化，从而产生出丰富的层次感和奇妙的新鲜感。同时，动物和植物在作品中被主体化了，骄傲的人类被转化为客体，凸显出人类对自然的无比敬重。

写风景和风情的散文，一旦有了丰富的情感与鲜活的个性，就会变得好看起来，仿佛连大山也活了起来，有了蓬勃的生命。

吴然笔下的《高黎贡山的声音》，语言简洁凝练，节奏感强，字里行间有丰沛的想象力，荡漾着浓郁的美感和情趣。换句话说，作者是用诗的笔调来写作的，整个作品中洋溢着动人的诗意。难怪作者愿意称它为散文诗。

是的，我们需要多样的多元的散文诗。在这一组作品中，我特意选了《同行》一篇。这是1985年8月，我和友人赴哈尔滨参加“首届中国散文诗年会”在列车上写的。我以为，在这篇短章里，我似乎已经表达了我对诗、散文诗以及散文的理解和感受。

作家走进校园

ZUOJIA ZOUJIN XIAOYUAN